INTERTEXTUALIDADE NO DIREITO TRIBUTÁRIO

CIP-BRASIL. CATALOGAÇÃO NA PUBLICAÇÃO
SINDICATO NACIONAL DOS EDITORES DE LIVROS, RJ

S717i

Souza, Cecilia Priscila de
Intertextualidade no direito tributário / Cecilia Priscila de Souza - 1. ed. - São Paulo: Noeses, 2021.

166 p. ; 23 cm.
Inclui bibliografia
ISBN 978-65-89888-35-2

1. Direito tributário - Brasil. 2. Direito - Linguagem. 3. Intertextualidade. I. Título.

21-74172 CDU: 34:351.713(81)

Leandra Felix da Cruz Candido - Bibliotecária - CRB-7/6135

Priscila de Souza

Doutoranda e Mestre em Direito Tributário pela PUC-SP. Especialista em Direito Tributário pelo IBET Instituto Brasileiro de Estudos Tributários. Coordenadora Nacional do IBET. Professora dos cursos de pós-graduação em Direito Tributário do IBET e da PUC/SP.

INTERTEXTUALIDADE NO DIREITO TRIBUTÁRIO

2021

editora e livraria
NOESES

Copyright © Editora Noeses 2021
Fundador e Editor-chefe: Paulo de Barros Carvalho
Gerente de Produção Editorial: Rosangela Santos
Arte e Diagramação: Renato Castro
Revisão: Microart
Designer de Capa: Aliá3 - Marcos Duarte
Arte de capa:

Autora: Lúcia Suanê
Título: Céu de Piracicaba
Técnica: Óleo sobre tela com tira e quadrado de alumínio
Dimensão: 108x108 cm
Ano: sem data.
Acervo: da artista

2021

editora e livraria
NOESES

Editora Noeses Ltda.
Tel/fax: 55 11 3666 6055
www.editoranoeses.com.br

Poetas e loucos aos poucos
Cantores do porvir
E mágicos das frases
Endiabradas sem mel
Trago boas novas
Bobagens num papel
Balões incendiados
Coisas que caem do céu
Sem mais nem porquê

(*Boas Novas* – Cazuza)

Dedico este trabalho à minha avó, Cecilia dos Santos Polido, exemplo de pessoa, que já veio sabendo, pronta para ensinar.

LISTA DE ABREVIATURAS

CARF	–	Conselho Administrativo de Recursos Fiscais
CC	–	Código Civil
COFINS	–	Contribuição para o Financiamento da Seguridade Social
CTN	–	Código Tributário Nacional
ICMS	–	Imposto Sobre Circulação de Mercadorias e Serviços de Comunicação e sobre Transporte Interestadual Intermunicipal e Comunicação
IPI	–	Imposto sobre Produtos Industrializados
IPTU	–	Imposto Predial e Territorial Urbano
IPVA	–	Imposto Sobre Propriedade de Veículos Automotores
ISS	–	Imposto Sobre Serviços
CF	–	Constituição Federal
NGA	–	Norma geral e abstrata
NIC	–	Norma individual e concreta
PIS	–	Programa de Integração Social
RMIT	–	Regra-Matriz de Incidência Tributária
STF	–	Supremo Tribunal Federal

PREFÁCIO

A *intertextualidade* tem sido objeto de muitas menções nos vários planos de indagação, tanto no âmbito do Direito, como em outras regiões do saber humano. Portanto, nada mais oportuno do que retomar o assunto, agora numa perspectiva jurídico-filosófica peculiar como o da Teoria da Comunicação e, sobretudo, nos domínios do Constructivismo Lógico-Semântico, matéria, aliás, em que a Autora deste livro transita com naturalidade e vigor. Acrescente-se, ainda, que Priscila de Souza desenvolveu intenso trabalho de pesquisa sobre o tema, a ponto de não hesitar em submetê-lo ao crivo da crítica severa dos examinadores que compuseram sua Banca de Mestrado, outorgando-lhe o importante título acadêmico.

Tenho para mim que a intertextualidade e a inesgotabilidade, além de serem imprescindíveis à interpretação do Direito, cumprem o relevante papel de autênticos axiomas no *percurso gerador de sentido,* propiciando ao exegeta alcançar estações avançadas na construção do conteúdo da mensagem legislada. Tudo, porém, tem início com o *texto*, na sua acepção de suporte físico das significações: por ele se inicia o processo interpretativo; com ele se exercita a movimentação do espírito, conduzindo a trajetória de atribuição de valores aos signos conjugados; também por ele as estruturas lógicas são ordenadas consoante os modos que o Direito inapelavelmente requer; e, mais uma vez, em atinência a ele, surgem as propostas de organização do todo para a compreensão das unidades sistêmicas. Daí as expressões *texto em sentido estrito* (suporte físico – forma) *e texto em sentido amplo* (conteúdo – fundo), sendo a palavra *manifestação,* utilizada pelos linguistas para fazer referência à imaginária sobreposição do fundo à forma, do sentido à base material que o identifica como objeto do mundo da cultura. Para além disso, ali onde existir texto, haverá o seu contexto: *mesmo porque tudo é texto, expresso em linguagem ou não,* premissa do Constructivismo Lógico-Semântico.

Sobremais, quando ingressam textos no sistema do direito positivo, instaura-se intensa conversação com outros documentos normativos atuais, passados e até futuros, vale dizer, entram em regime dialógico, na terminologia de Bakhtin, com todos os que permanecem válidos, com os que já saíram da ordem jurídica, vencidos pelo tempo ou pelos modos previstos naquele ordenamento e prontos para estabelecer influências, positivas ou negativas, em face dos que advierem.

Vale a pena advertir, ainda, que tais inter-relações se estabelecem não só dentro do subsistema jurídico positivo, mas, igualmente, com textos extrajurídicos, alojados em diferentes setores do intermundo social, permitindo falar-se em intertextualidade interna e externa.

Agora, a inesgotabilidade, outro axioma, indica simplesmente que a compreensão não é definitiva: sempre que houver um estrato de linguagem qualquer, existirá a possibilidade da produção de outra camada linguística para dela ocupar-se, assumindo a feição de metalinguagem ou linguagem de sobrenível, e assim por diante.

Priscila, jovem professora dedicada às investigações jurídicas, é, nada mais, nada menos, do que *Coordenadora Acadêmica Geral do IBET, Instituto Brasileiro de Estudos Tributários*, entidade fundada por Rubens Gomes de Sousa (o principal coautor do Código Tributário Nacional – Lei n. 5.172/66), Antônio Roberto Sampaio Dória e Fábio Fanuchi, completando, neste ano de 2021, meio século de existência, abrangendo cursos de extensão e de especialização em 34 cidades do território brasileiro, além do pós-graduação em sentido estrito (mestrado), na capital do Estado de São Paulo.

A respeito da distribuição da matéria, no espaço da obra, cabe dizer que a Autora abriu 5 (cinco) subtítulos entre a introdução e suas proposições conclusivas, a saber: (1) Das Bases Teóricas e Metodológicas; (2) Texto e Contexto; (3) Intertextualidade e Interpretação; (4) Intertextualidade: Conceito, Definição e Aplicação; (5) Intertextualidade e o Discurso Normativo em Matéria Tributária.

Finalizo esta peça introdutória com a afirmação incisiva de tratar-se de um livro de superior importância para a compreensão da intertextualidade no Direito, especialmente nos domínios do Direito Tributário. O método empregado pela Autora, com reflexões filosóficas sobre a matéria, brilham por sua presença, elucidando e esclarecendo toda a extensão da obra.

Parabéns à jovem e talentosa mestra, por adicionar mais esta contribuição à comunidade jurídica brasileira, fortalecendo sua carreira acadêmica e abrindo novas perspectivas aos interessados no estudo de documentos de boa qualidade doutrinária.

São Paulo, 3 de dezembro de 2021.

Paulo de Barros Carvalho

Professor Emérito e Titular de Direito Tributário da PUC/SP e da USP
Membro titular da Academia Brasileira de Filosofia

SUMÁRIO

INTRODUÇÃO

Todo sistema se caracteriza por ser um conglomerado de elementos, reunidos em virtude de possuírem características comuns, sendo que sua formação se dá a partir de um princípio unificador.[1] É, portanto, conjunto de unidades estruturalmente similares, cujo objetivo é a regulação das condutas intersubjetivas. O Direito é, portanto, um sistema linguístico e, como tal, deve seguir determinadas regras de composição e manutenção.

A forma como se estruturam, criam, modificam, aplicam e convivem esses elementos, que se podem chamar de normativos, é alvo de incansáveis análises dogmáticas do direito, assunto sobre o qual pretende se desenvolver o presente estudo, debruçando-se com maior intensidade no concernente à aplicação e convivência dos textos normativos, que denominamos de intertextualidade intrassistêmica.

Intertextualidade, visto partirmos da premissa de que todo texto mantém conversação com outros textos, ou seja, não há isolamento absoluto de um texto; e intrassistêmica, pois a pesquisa desconsidera os textos produzidos fora do ambiente jurídico. A própria pesquisa se utiliza (ao tratar do

---

1. Nesse sentido são as lições de Clarice von Oertzen de Araújo: "o conceito de sistema compreende a existência de partes de um todo e de um vínculo que as interligue; correspondendo as partes aos elementos, e os vínculos às relações – nos limites de existência deste referido conjunto" (*Incidência jurídica*. Teoria e crítica. São Paulo: Noeses, 2011. p. 39).

conceito de intertextualidade) predominantemente de textos de áreas da linguística, isso para compreender o modo como tais regras devem ser aplicadas aos textos normativos.

A intertextualidade tem grande importância nas investigações de produção textual genéricas, sendo a busca do conhecimento sempre central, até que se transforme em experiência colateral para outro conhecimento.

O recorte que se faz sobre o tema em questão diz respeito ao ambiente jurídico escolhido, isso porque há uma enorme variação estrutural de um sistema para outro, em virtude dos valores priorizados em cada um. Há sistemas, como o brasileiro, em que a Constituição é rígida e traz amplo regulamento dos temas que envolvem a tributação, enquanto outros, como ocorre no sistema americano, há uma limitação dos assuntos regulados constitucionalmente e o processo de modificação já não é tido por rígido.

O tema é recorrente no cotidiano das investigações normativas, de modo que o presente trabalho não tem a pretensão de ser inédito. Nosso objetivo é agregar pesquisas acerca do assunto central – intertextualidade –, aplicando as definições exploradas, e buscar compreender o modo como funciona a intertextualidade na linguagem jurídica.

Por óbvio que, do mesmo modo, não se pretende esgotar o tema, que, como veremos, se atualiza e recria a cada dia. A ideia é realizar uma abordagem diferente sobre a interpretação dos contextos jurídicos, como proposta de composição de conflitos que se apresentam em matéria tributária.

1. DAS BASES TEÓRICAS E METODOLÓGICAS

1.1 Uma teoria acerca do conhecimento

Este capítulo pretende demonstrar as teorias que servem de base para o desenvolvimento do presente estudo. É, também, o momento em que estão estabelecidas as premissas pertinentes ao tema da intertextualidade.

Teoria se caracteriza por um objeto e o estudo que o descreve. Não toca no objeto, não o modifica, existe para que se possa compreender o objeto, para traçar suas características. Assim é a Ciência do Direito: uma teoria acerca do Direito Positivo. Uma linguagem descritiva, de sobrenível, que tem como objeto a linguagem prescritiva de condutas, que é o Direito Positivo.

Método é o meio pelo qual se desenvolve o estudo do objeto. É inerente ao processo de conhecimento; sem método, não há que se falar em conhecimento científico. E, falando em conhecimento científico, imprescindível mencionar o recorte que se faz da realidade, para pôr em destaque o objeto de estudo. Para ser científico, o conhecimento tem que especificar, destrinchar o objeto. Não podemos afirmar a existência de um *conhecimento científico geral*. Assim, a cada ciência, ou a cada teoria, corresponde um e somente um objeto. Paulo de Barros Carvalho[2] apresenta interessante estudo sobre a Teoria

2. *Direito tributário* – Linguagem e método. 8. ed. São Paulo: Noeses, 2021. p. 14 e ss.

dos objetos, dividindo-os em quatro classes: naturais, ideais, metafísicos e culturais. Com essa classificação, fica evidente a necessidade de se utilizar um método específico, de acordo com o tipo (classe) do objeto que se pretende conhecer.

A divisão dos objetos é feita a partir de sua essência, ou seja, são separados em classes de acordo com sua ontologia, tendo o ser humano como ponto de referência de onde se irradiam os espaços correspondentes.[3]

Dessa classificação, chegou-se às quatro regiões ônticas dos objetos:

(i) físicos ou naturais: são passíveis de experiência sensorial, têm existência no tempo e no espaço, são neutros de valor (ex.: árvore, animais);

(ii) ideais: são irreais e não possuem existência no tempo e no espaço e também são neutros de valor (ex.: matemática);

(iii) metafísicos: são reais, mas não possuem existência no tempo e no espaço por não poderem ser captados pela experiência sensorial, são carregados de valor (ex.: Deus);

(iv) culturais: são reais, criados pelo homem, têm existência no tempo e no espaço e são carregados de valor (ex.: direito).

Encontra-se o direito (tanto o direito positivo, quanto a Ciência do Direito) na região dos objetos culturais, visto que sua criação depende da vontade e da necessidade humanas.

Alfredo Augusto Becker define com precisão:

> [...] a lei jurídica (a regra jurídica) não é um fim em si mesma (não é uma realidade metafísica existindo em si e por si), mas um

---

3. Lições retiradas da obra: CARVALHO, Paulo de Barros. *Direito tributário – Linguagem e método* cit., p. 16.

> instrumento que torna possível a convivência social, nos moldes desejados pelo Estado.[4]

Como objeto cultural, podemos afirmar ser o direito real (é possível ter acesso a ele), ter sua existência no tempo e no espaço (validade e vigência das normas jurídicas), além de ser valioso positiva ou negativamente (no caso do direito positivo, serem as normas jurídicas válidas ou não válidas).

São culturais os objetos que "têm existência espaço-temporal, susceptíveis, portanto, à experiência, além de serem valiosos, positiva ou negativamente",[5] características essas do direito. Assim, sendo o direito um objeto criado pelo homem, podemos classificá-lo como cultural.

O presente estudo, com a pretensão de ser científico, segue o padrão do método hermenêutico-analítico, próprio dos objetos culturais, que se compõe pela soma da Lógica à Semântica e à Pragmática, compreendendo a utilização da interpretação, levando em conta a estrutura do objeto, somado à valoração a ele inerente.

1.2 Neopositivismo lógico-semântico: o giro linguístico

O chamado giro linguístico é uma evolução do estudo científico decorrente de um Movimento chamado Neopositivismo Lógico, visando à busca de soluções para problemas relacionados ao conhecimento científico – objeto do estudo do Positivismo Lógico –, por meio da substituição da linguagem natural por outra artificial, criada com o intuito de tornar o discurso mais preciso.

Segundo Paulo de Barros Carvalho, o Neopositivismo é "uma corrente de pensamento humano [...] quando filósofos e cientistas se encontravam, sistematicamente, para discutir

---

4. *Teoria geral do direito tributário*. 4. ed. São Paulo: Noeses, 2007. p. 58.

5. *Direito tributário* – Linguagem e método cit., p. 18.

problemas relativos à natureza do conhecimento humano".[6] Esse grupo, também chamado de Círculo de Viena, foi formado por cientistas das mais diversas áreas do conhecimento, com o intuito de compreender alguns princípios da Epistemologia, aplicáveis a todas as áreas da ciência.

Promoveram o chamado giro linguístico, em virtude de voltarem todas as atenções à importância da linguagem para o saber científico, resumindo o trabalho científico em torno da linguagem, utilizando-a da forma mais rigorosa possível, com o objetivo de eliminar vícios e problemas inerentes à linguagem natural.

O Movimento preocupou-se intensamente com os planos sintático, pela relação dos signos entre si, e semântico, relação estabelecida entre as significações dos signos, mediante a elaboração de discurso científico que, ainda nas palavras de Paulo de Barros Carvalho,

> [...] estaria assim caracterizado pela existência de um feixe de proposições linguísticas, relacionadas entre si por leis lógicas e unitariamente consideradas em função de convergirem para um único domínio, o que dá aos enunciados um critério de significação objetiva.[7]

Entretanto, o mesmo não ocorreu em relação ao plano pragmático, que se dá pela relação dos signos com aqueles que deles se utilizam – seus destinatários –, por entenderem ser esse plano relativo ao conhecimento vulgar.

O critério de significação objetiva, desenvolvido pelo giro linguístico, auxilia o intérprete à medida que substitui a linguagem natural por uma linguagem rigorosa, chamada científica, contextualizando o discurso e eliminando problemas de vaguidade e ambiguidade nele presentes. Dardo Scavino, acerca dessa nova concepção do conhecimento, leciona que

6. *Direito tributário* – Linguagem e método cit., p. 20.

7. Ibidem, p. 30.

> O significado não se confunde com o referente, ou com o objeto designado, senão com uma definição aceita ou convencional no sistema da língua. Para compreender o que significa um termo já não basta saber a que se refere, como na lógica de Frege; há que conhecer, agora, a língua na qual se pronuncia, e em última instância, ser falantes da mesma: participar, enfim, de uma cultura.[8]

Isso implica dizer que, ao sujeito cognoscente, não basta o contato com o objeto, mas um conhecimento prévio acerca da linguagem em que se expressa o outro indivíduo, a respeito desse objeto. Temos, então, por "constructivismo lógico-semântico", o método de aproximação do objeto que, interpretando-o, constrói seu sentido.

Sobre essa construção de sentido, apresentamos a seguinte lição, retirada da obra *Diccionario Espasa de Filosofía:*

> [...] o conhecimento humano é um processo construtivo a partir dos elementos da sensação – permite distinguir analiticamente entre *o que se nos dá e* sua elaboração. Em definitivo, do que se trata é, segundo estes autores, de ser capazes de reduzir toda linguagem significativa a enunciados que recorram nossas experiências perceptivas imediatas[9] (grifos do autor).

Unindo esse pressuposto do conhecimento, que é a construção de sentido pelo intérprete, à convicção de que todo conhecimento pressupõe linguagem, o Constructivismo Lógico-Semântico se apresenta como método de estudo da linguagem do direito positivo.

---

8. "El significado no se confunde con el referente, o con el objeto designado, sino con una definición aceptada o convencional en el sistema de la lengua. Para comprender lo que significa un término ya no basta con saber a qué se refiere, como en la lógica de Frege; hay que conocer, ahora, la lengua en la cual se pronuncia, y en última instancia, ser hablantes de la misma: participar, en fin, de una cultura" (*Filosofía actual.* Pensar sin certezas. 2. ed. Buenos Aires: Paidós, 1999. p. 30).

9. "[...] el conocimiento humano es un proceso constructivo a partir de los elementos de la sensación – permite distinguir analíticamente entre *lo que se nos da y* su elaboración. En definitiva, de lo que se trata es, según estos autores, de ser capaces de reducir todo lenguaje significativo a enunciados que recojan nuestras experiencias perceptivas inmediatas" (MUÑOZ, Jacob (Dir.). *Diccionario Espasa de Filosofía.* Madrid: Espasa Calpe, 2003. s.v. *constructivismo*).

Daí nossa afirmação de que a semântica trata das relações entre as significações obtidas por interpretações de diversos objetos e não entre os signos e os objetos que buscam representar. A partir dos pressupostos, segundo os quais a linguagem constitui a realidade e que a linguagem está inserida no indivíduo, somente aquilo que pode ser expresso em realidade faz parte do mundo desse indivíduo.

Aplicando tais premissas ao "mundo" do direito, podemos ter como verdadeira a assertiva de que ao juiz somente compete julgar com base na realidade constituída no processo; essa será sua verdade, seu limite de atuação e convencimento.

Com isso, ao cientista do direito compete realizar uma interpretação da linguagem do direito positivo e se restringir a ele, atribuindo significações à linguagem jurídico-prescritiva. À Ciência do Direito, em sentido estrito,[10] não cabe realizar um estudo extrajurídico: o sociológico, histórico e econômico não fazem parte do direito, mas da realidade social. Eis o recorte metodológico do estudo jurídico científico.

1.3 Linguagem e texto: conhecimento, verdade e realidade

O giro linguístico atribui à linguagem a função de criar, construir a realidade, superando o mero instrumentalismo, concebido até a "Era Positivista", para exercer atividade primordial à concepção da realidade. Surge, a partir de então, a necessidade de estabelecer o sistema de referência, para poder falar em verdade. Verdade, nesse modelo, nada tem a ver com a relação entre linguagem e objeto, mas de coerência entre os enunciados inseridos em um mesmo sistema de referência. Inseparáveis, mas discerníveis, são os seguintes componentes do conhecimento: a) o sujeito cognoscente; b) os atos de percepção e de julgar; c) o objeto do conhecimento;

10. Em sentido amplo, não há como desconsiderar os demais sistemas com os quais o direito se relaciona. Entretanto, para que se possa conceber uma linguagem científica acerca desse direito, o estudo deve concentrar-se na linguagem jurídico-normativa.

e d) a proposição (onde diversas relações de conceitos formam estruturas).

O tecido da linguagem, assim contínuo e diferenciado em aspectos, oferta margem a diversas investigações. Na investigação psicológica do que ocorre com o sujeito cognoscente, quer no momento do conhecimento empírico-sensível, quer na fase do conhecimento conceptual. Conhecimento obtido pelos conceitos requer linguagem. Mediante a linguagem, fixam-se as significações conceptuais e se comunica o conhecimento, que ocorre num universo de linguagem, dentro de uma comunidade do discurso.[11]

---

11. Sobre a questão da importância da linguística no desenvolvimento das demais ciências é o estudo de Roman Jakobson: "'Assaz importante é que o problema das inter-relações entre as ciências do homem parece centrar-se na linguística. O fato se deve primordialmente à configuração inusitadamente regular e autossuficiente da linguagem e ao papel basilar que desempenha no quadro da cultura; e, de outro lado, a linguística é reconhecida quer por antropólogos quer por psicólogos como a mais progressista e precisa dentre as ciências humanas e, portanto, como um modelo metodológico para as restantes disciplinas da mesma área (cf. 87, p. 37, 66; 61, p. 9)'. Como declara Piaget: 'A linguística é sem dúvida a mais avançada das ciências sociais, por sua estruturação teórica, tanto quanto pela precisão de sua tarefa, e mantém com outras disciplinas relações de grande interesse' (118, p. 25). Já no limiar de nosso século, Peirce consignou à 'ciência da linguística, vasta e esplendidamente desenvolvida', uma posição privilegiada entre os 'estudos dos desempenhos e produtos mentais' (117, I, § 271). Em contraposição a todas as outras ciências do homem e a algumas ciências naturais de origem relativamente recente, moderna, o estudo da linguagem pertence ao pequeno número dos mais antigos ramos do conhecimento. Quase quatro milênios nos separam do mais arcaico dos escritos gramaticais subsistentes, um epítome do sumério; tanto a teoria quanto a prática linguística desdobraram variada e contínua tradição, desde a antiga Índia e Grécia, através das importantes conquistas da Idade Média, do Renascimento, da era do racionalismo e da Ilustração e, por fim, das múltiplas tendências dos estudos nos últimos dois séculos. É precisamente a rica experiência científica da linguística que nos impele a levantar as questões do lugar que ela ocupa entre as ciências do homem e da perspectiva de uma cooperação interdisciplinar em base estritamente recíproca de intercâmbio sem violação das necessidades e propriedades intrínsecas de qualquer área envolvida. Surgiram algumas dúvidas quanto à possibilidade de ser realmente igualada pelas ciências do homem a 'admirável colaboração interdisciplinar' que une as ciências naturais, dado o fato de uma firme filiação lógica e uma ordem hierárquica de conceitos subjacentes, com respeito à relativa generalidade e complexidade, encontrarem-se manifestamente presentes na interconexão das ciências naturais, mas parecerem ausentes nas ciências do homem (118, p. 2). Aparentemente, esta incerteza remonta àquelas primeiras tentativas de classificação que não levaram em conta a ciência da linguagem. Se, entretanto, exatamente a linguística é escolhida e usada como ponto

Conhecimento, desse modo, pode ser definido sob duas perspectivas diferentes: conhecimento como processo e como produto. Enquanto processo, o conhecimento (em sentido amplo) se dá pelo contato físico do ser cognoscente com aquilo que servirá como base de seu estudo (o objeto). Esse contato faz nascerem no intelecto do intérprete alguns juízos, expressos pelas ideias. As ideias construídas são o resultado do processo de conhecimento, vale dizer, seu produto, aqui adotada a concepção de conhecimento em seu sentido estrito.

A finalidade do conhecimento consiste em permitir ao ser cognoscente, após sua aproximação com o objeto de estudo, utilizando um método previamente estabelecido, expressar as ideias que construiu acerca do objeto. Quanto maior o conhecimento, mais proposições o intérprete poderá formular acerca do objeto.

São pressupostos para o alcance do conhecimento: (i) o recorte do objeto de estudo, delimitação dos aspectos a serem observados; (ii) o método, instrumento científico de busca do conhecimento, dizendo respeito ao conhecimento enquanto processo, forma de aproximação do objeto de conhecimento; e (iii) o sistema de referência, realidade na qual está inserido o ser cognoscente e em nome da qual o ser cognoscente se expressa.

O sistema de referência, portanto, é aspecto fundamental para se obter o mais singelo nível de conhecimento. Nas lições de Fabiana Del Padre Tomé, "não existe conhecimento sem sistema de referência: este é condição sem a qual aquele não subsiste", e continua: "algo só se apresenta inteligível à medida que é conhecida sua posição em relação a outros elementos".[12] Desse raciocínio, podemos formular a seguinte assertiva: não há texto sem contexto.

---

de partida para uma ordenação tentativa das ciências do homem, tal sistema, baseado 'nas principais afinidades dos objetos classificados', mostra-se dotado de sólidos alicerces teoréticos" (JAKOBSON, Roman. *Lingüística. Poética. Cinema.* 2. ed. São Paulo: Perspectiva, 2007. p. 13-14).

12. *A prova no direito tributário*. 4. ed. São Paulo: Noeses, 2015. p. 1.

A subjetividade da interpretação se reduz à opção pelo sistema de referência. Feita a escolha, o intérprete deve se submeter às regras por esse sistema impostas. Conhecer um objeto a partir de determinado sistema de referência implica a aceitação das regras inerentes a esse sistema.

No concernente, especificamente ao tema central do presente trabalho – a intertextualidade –, apesar de utilizarmos um termo que tem sua origem na linguística, não o importamos em sua inteireza. Tratada como instituto jurídico, a intertextualidade também está sujeita a modificações e adequações, para sua incidência jurídica.

Por essa razão é que se pode afirmar serem o conhecimento, a realidade e a verdade aspectos da linguagem dentro de um sistema de referência. As afirmações sobre determinado objeto são válidas somente nesse âmbito e sob determinado enfoque.

Nesses termos, entender o direito como linguagem significa impor limites à sua aplicação: só importa para o mundo do direito aquilo que for convertido em linguagem. Novamente, são juridicamente irrelevantes os acontecimentos sociais, religiosos, enquanto não forem vertidos na linguagem do direito.

1.4 Lógica jurídica e análise dos enunciados normativos

A Lógica integra a parte da Filosofia que trata do conhecimento. Inicialmente assumiu a feição de arte ou dom de produzir argumentos de maneira habilidosa, com o intuito de organizar a mensagem, ensejando o convencimento. Evoluiu – a partir do Círculo de Viena – para tornar-se um conjunto de proposições cujo objetivo ia mais além, oferecendo critérios para a determinação da própria validade dos esquemas intelectuais que buscavam o valor-verdade.[13]

13. "Antes de Aristóteles, a não ser a dialética de Platão, nada existe que mereça o nome de Lógica... não se pode dizer que Aristóteles seja o inventor da lógica, posto que Platão, em sua dialética, já tem uma lógica implícita; porém, Aristóteles é que

Segundo Lourival Vilanova,

> [...] para que exista lógica jurídica é indispensável que exista linguagem, pois com a linguagem são postas significações.
>
> [...]
>
> A Lógica é linguagem formalizada; o domínio das normas é linguagem não formalizada, não algoritmizada, com referências semânticas a situações objetivas na realidade social da conduta e dotada de função pragmática inconfundível: the normative orientation of behavior.
>
> [...]
>
> O domínio da Lógica é tão-só o das significações e suas possibilidades combinatórias, sem estender a ponte para objetos especificados. Apoiada no mínimo que é o objeto-em-geral. Através das linguagens, recolhe características que são variações em torno do núcleo que é o objeto-em-geral.[14]

A Lógica exerce, entretanto, fundamental papel no estudo das linguagens, visto que, conforme salienta Paulo de Barros Carvalho,

> [...] desvencilhada dos componentes psicológicos que dão vida e movimento às suas estruturas, a Lógica atingiu foros de disciplina particular. Enquanto linguagem, é um sistema de significações, dotado de regras sintáticas rígidas – com plano semântico em que seus signos apresentam um e somente um sentido – e

---

lhe dá a estrutura e a forma definitiva, a mesma forma que durante dois milênios permaneceu sem alteração substancial, até o final do século XIX. As leis do silogismo, suas formas, suas figuras, são, pois, o desenvolvimento que Aristóteles faz da dialética. Essas leis do pensamento racional são para Aristóteles o método propedêutico da Filosofia. Esta concepção de Lógica como método da Filosofia é herdada pelos filósofos da Idade Média, os quais a aplicam com um rigor extraordinário. É curioso notar como os escolásticos, e entre eles principalmente Santo Tomás de Aquino, completam o método da prova, o método do silogismo, com uma espécie de revivência da dialética platônica (a disputa – opiniões filosóficas contrapostas)" (ALVES, Alaôr Caffé. *Lógica* – Pensamento formal e argumentação. 5. ed. São Paulo: Quartier Latin, 2011. passim).

14. *Estruturas lógicas e o sistema de direito positivo*. 3. ed. São Paulo: Noeses, 2005. p. 27 e ss.

> que procura reproduzir, com recursos da simbologia, as relações que se estabelecem entre termos, proposições e argumentos.[15]

A Lógica proporciona ao intérprete a análise estrita do campo sintático, faltando ainda os planos semântico e pragmático. Dessa forma, apesar de auxiliar a Ciência do Direito, a Lógica, por si só, não serve como instrumento para o conhecimento pleno.[16]

Geraldo Ataliba afirma enfático:

> [...] a interpretação, que é ato de conhecer o direito positivo como conjunto de expressões de significado normativo, não se exaure em atos lógicos. As vias lógicas que tomam a interpretação são recursos comprometidos com valorações (e ideologias) e não puras formas do argumento formalmente válidas.[17]

A esse método podemos denominar de sintaticismo. Apoiado por Paulo de Barros Carvalho:

> O direito positivo, como camada de linguagem prescritiva de condutas, é uma construção do ser humano que está longe de ser um dado simplesmente ideal, não lhe sendo aplicável, também, as técnicas de investigação do mundo natural. As unidades normativas selecionam fatos e regulam condutas, recolhidos no campo social. Ora, o fato social, como processo de relação, é um fenômeno com sentido e, sem ele (sentido), que imprime direção aos fatos sociais,

15. *Direito tributário* – Linguagem e método cit., p. 68.

16. Sem a preocupação com os conceitos de realidade e verdade utilizados pelo autor, o raciocínio a seguir vem ao encontro com o que argumentamos: "O estudo da Lógica propiciará, embora com o viés técnico incontornável, uma análise mais segura e precisa dos argumentos utilizados nas demonstrações científicas e no processo retórico da linguagem comum. Mas cumpre notar que a Lógica não é a panaceia de que muitos pretendem qualificá-la. Ela não estuda as condições reais (psicológicas) para pensar de forma correta ou para persuadir ou dissuadir alguém a respeito desta ou daquela opinião ou crença. Quem estuda a Lógica não fica mais esperto no raciocínio, nem adquire condições especiais para a busca e descoberta da verdade (contexto da descoberta). Ela estuda apenas as condições formais (estrutura do pensamento) para possibilitar a demonstração (científica) ou a argumentação pragmática (retórica) [...]" (ALVES, Alaôr Caffé. *Lógica* – Pensamento formal e argumentação cit., p. 110).

17. Prefácio à 1ª edição. In: VILANOVA, Lourival. *Estruturas lógicas e o sistema de direito positivo* cit., p. XV.

> é impossível compreendê-los. Os fatos jurídicos, quer os previstos nos antecedentes nas normas, quer os prescritos na fórmula relacional dos consequentes, apresentam-se na forma de fenômenos físicos, relações de causas e efeitos com sentido, isto é, o fim do jurídico que os permeia. Sem significação jurídica que presidiu a escolha do evento e inspirou a regulação da conduta, não se há de falar em fatos jurídicos e relações jurídicas.[18]

Tais considerações demarcam os limites intrínsecos das investigações lógicas no campo do direito positivo. Há um *quantum* de Lógica no Direito Positivo, mas o direito é mais que lógica.

A Lógica serve para distinguir o verdadeiro do falso, dentro do sistema da Ciência do Direito; permite exercer um controle formal sobre o discurso normativo. Esse instrumento conceitual não nos outorga um domínio absoluto sobre os fenômenos a que se refere, mas, ao menos, nos ensina a extrair conclusões a partir das premissas postas. Garante, ainda, rigorosidade ao direito positivo, visto se apresentar em forma sintática rígida, garantida pela estrutura padrão das normas jurídicas.

A Lógica, portanto, apresenta-se como ferramenta intelectual e não "fonte da verdade". Se partirmos de premissas falsas, nenhuma segurança teremos de chegar a conclusões verdadeiras. Mas, se fixamos premissas como verdades embasando o raciocínio, este nos proporcionará novas afirmações, tão verdadeiras como aquelas de que partimos. Todo discurso científico, para que atinja padrões de rigorosidade, não pode se ater somente à análise de um dos planos da linguagem.

A partir da aplicação das regras lógicas, o intérprete mantém contato com o conhecimento do direito como Sistema, que, na proposta metodológica de Lourival Vilanova, implica domínio dos princípios (saber de), o manuseio das categorias (saber como), a visão sistemática global, operacional e funcional (saber que), sendo imprescindível relacionar

18. *Direito tributário* – Linguagem e método cit., p. 82.

o direito com os fundamentos em geral e com o contexto em que está inserido.[19]

A Lógica proporciona esse conhecimento, relacionando estruturas lógicas a dados empíricos. Fundamental, neste ponto, trazer novamente as lições de Paulo de Barros Carvalho:

> [...] como Ciência, a Lógica consiste num discurso linguístico que se dirige a determinado campo de entidades. Esse domínio é o universo das formas lógicas, situado na região ôntica dos objetos ideais, que, portanto, não têm existência concreta, real; não estão na experiência e são axiologicamente neutro [...] a Lógica não altera o ordenamento jurídico, mas o descreve em linguagem formalizada, transformando o objeto cultural, que é o direito positivo, em objetos ideais, próprios das Ciências Lógicas. Constitui assim a ampliação dos horizontes culturais existentes.[20]

Pela formalização se estabelece a estrutura sintática do direito, comum a todos os seus elementos. Entretanto, a experiência jurídica integral pressupõe a análise de todos os aspectos: o lógico e o semântico dos enunciados, no que tange, representativamente, à estrutura de suas unidades, bem como a seus conteúdos de significação, e ao empírico, nos dados de fato selecionados na realidade física e social.

1.5 Semiótica dos textos jurídicos

Sendo o direito uma linguagem, a construção de sentido pela interpretação decorre do conhecimento. A Semiótica,

---

19. Cf. Leonidas Hegenberg, precursor dessa classificação, tem-se que o *saber de* é aquele em que "o ser humano reconhece as coisas, 'entende-as', sabe valer-se delas, para seu benefício. Em suma, o caos circundante se transforma em *mundo* – uma circunstância dotada, ainda que parcial e provisoriamente, de certa interpretação. No *saber como* a razão passa a manifestar-se, levando-nos a 'executar numerosos atos de crescente complexidade'. Vulgarmente, quando se fala de conhecimento, é do *saber que*, que estamos nos referindo. No *saber que* 'servimo-nos de um esquema do tipo '*Sei que ____, porque...*'. Dito de outro modo, alcançamos o conhecimento em função de *inferências*. Essas defluem do uso da razão acoplada às ações'" (*Saber de e saber que*: alicerces da racionalidade. Petrópolis: Vozes, 2002. p. 24-30).

20. *Direito tributário* – Linguagem e método cit., p. 68-69.

enquanto teoria geral dos signos, concede ao intérprete a possibilidade de conhecer o direito pelos três planos propostos pela Semiótica para o estudo de seu objeto, que é a linguagem – planos sintático, semântico e pragmático – e, com isso, construir um sentido para seu texto. Paulo de Barros Carvalho leciona que "interpretar o discurso prescritivo do direito é percorrer esses planos, compondo a significação adequada do produto legislado".[21]

O direito somente se apresenta no formato de texto. Qualquer produção normativa, seja ela geral e abstrata, seja individual e concreta, se materializará apenas pelo texto.

A partir desses recortes, necessária é a realização de análise da linguagem do direito positivo, seus conteúdos (semântica), sua estrutura (sintática) e a forma como os destinatários dessas regras se comportam (pragmática).

Relativamente à construção de uma Ciência do Direito, descritora do direito positivo, mister se faz estabelecer as premissas dessa linguagem-objeto, quais sejam: (i) o direito é composto por normas jurídicas; (ii) normas são signos que constroem linguagem; e (iii) o direito é um objeto cultural, e seu fim é a regulação de condutas intersubjetivas.

Sendo o foco do presente trabalho o estudo das características da interpretação do direito, especificamente no que tange às relações mantidas entre os textos positivados, que convergem para a construção das normas jurídicas. Voltaremos, nesse momento, nossas atenções aos signos, buscando demonstrar seu papel na formação do sistema normativo.

O signo tem *status* lógico de relação, representado pelos vértices do triângulo (suporte físico, significado e significação). Representa algo, mas não é o objeto em si mesmo, daí classificá-lo como relação. Tárek Moysés Moussallem, tratando do assunto, explica:

---

21. *Curso de direito tributário*. 31. ed. rev. e atual. São Paulo: Noeses, 2021. p. 104.

> [...] os signos (mais precisamente os símbolos) são convenções dos sujeitos para *representar* o mundo físico. São concepções pactuadas das quais o homem (como ser cultural que é) compartilha, ao nascer em um mundo cultural[22] (grifos do autor).

O suporte físico é a materialidade do que representa, o dado bruto. O modo como se materializa não é determinante para que seja considerado como suporte físico, mas a materialização o é (para que seja considerado como tal).

Os signos enquanto representativos de objetos são coletivos. Têm o objetivo de representar, de comunicar algo,[23] e, para atingir esse objetivo, é necessário que ao menos os participantes do discurso estejam em consenso quanto ao que se pretende representar. Clarice von Oertzen de Araújo define: "um signo representa alguma coisa para uma mente que assim o interprete".[24] E essa mente, para se comunicar, precisa utilizar uma linguagem que a outra mente (a do destinatário) também compreenda.

Para tanto, faz-se necessário que estejam inseridas num mesmo contexto. O contexto pode ser definido como as circunstâncias histórico-sociais em que se encontram envolvidos o emissor e o receptor da mensagem, é o sistema de referência no qual ambos estão inseridos. Irá funcionar como delimitador do campo de relações possíveis do signo; limita sua atuação e abrangência.

Os signos podem ser classificados em: (i) símbolo, representação construída de forma arbitrária e aceita por convenção, que não mantém qualquer conexão física com o significado (p. ex.: a palavra); (ii) ícone, que é uma reprodução do dado que se pretende representar, com a manutenção de algumas

---

22. *Fontes do direito tributário*. 2. ed. São Paulo: Noeses, 2006. p. 2.

23. Nesse sentido: "Denominamos signo a todo acontecimiento u objeto en tanto la percepción del mismo hace que la mente del sujeto que lo percibe se dirija a otra cosa distinta a dicho objeto o acontecimiento" (AFTALIÓN, Enrique; VILANOVA, José; RAFFO, Julio. *Introducción al derecho*. 3. ed. Buenos Aires: Abeledo-Perrot, 1988. p. 80).

24. *Incidência jurídica*. Teoria e crítica cit., p. 93.

de suas características (p. ex.: fotografia); e (iii) índice, que mantém conexão física, apresentando indícios do significado, que, por sua vez, remetem a outro suporte físico (p. ex.: raios de trovão, como índice de tempestade).

Nenhum signo proporciona acesso direto à realidade bruta; há ao menos um mínimo de arbitrariedade na representação. O índice, por manter uma relação existencial com o objeto dinâmico, contém o menor grau de arbitrariedade, mas mesmo assim ainda a possui. O ícone busca representar; desse modo, tem um grau de arbitrariedade mediano. Já o símbolo pressupõe convenção e é totalmente arbitrário, não guardando, em princípio, qualquer conexão com o objeto dinâmico.

Charles Sanders Peirce[25] afirma a existência de um objeto dinâmico – aquele que está no plano da realidade e independe da vontade humana, sendo mais amplo que o conhecimento humano – e um objeto imediato, que é a representação do objeto dinâmico, realizada a partir das experiências do ser cognoscente que esteja realizando a aproximação com esse objeto.

Leciona, ainda, Clarice von Oertzen de Araújo: "a dinâmica da geração do fato jurídico corresponde exatamente ao processo semiótico de representação do objeto dinâmico pelo objeto imediato do signo".[26]

Dessa assertiva, podemos afirmar que o fato jurídico é uma representação do suporte fáctico, seu objeto dinâmico, por ser construção interpretativa do aplicador do direito, bem como a norma jurídica, como já afirmado, é signo representativo dos interesses de uma sociedade, construída pela interpretação dos textos de lei.

---

25. Lições retiradas da obra de Clarice von Oertzen de Araújo: *Incidência jurídica*. Teoria e crítica cit., p. 109 e ss.

26. Ibidem, p. 114.

2. TEXTO E CONTEXTO

2.1 Texto e discurso

Texto é o resultado do processo comunicacional, é a mensagem transmitida do emissor ao receptor, o produto.

Ocorre que *texto* não é utilizado apenas nessa acepção, de "substrato linguístico", mas, por vezes, também se acresce a essa definição o sentido do texto. A partir da discrepância no uso do termo *texto*, pelo vício da ambiguidade, Paulo de Barros Carvalho[27] propõe uma distinção entre texto em sentido amplo e texto em sentido estrito.

Essa classificação leva em conta a amplitude do sentido atribuído à palavra texto. Em sentido estrito texto seria exclusivamente o suporte físico a que tem acesso o receptor da mensagem. Por outro lado, texto em sentido amplo é o suporte físico, o texto em sentido estrito, acompanhado de sua significação.[28]

---

27. *Direito tributário* – Linguagem e método cit., p. 128.

28. "Todo processo de comunicação entre seres humanos – ou entre quaisquer outros tipos de aparelhos 'inteligentes', tanto mecânicos quanto biológicos – pressupõe um sistema de significação como condição necessária" (ECO, Umberto. *Tratado geral de semiótica*. São Paulo: Perspectiva, 1980. p. 6).

2.1.1 Texto e processo comunicacional

A necessidade de estudar o fenômeno comunicacional decorre das mudanças trazidas pelo movimento do "giro linguístico" sobre o modo de encarar e estudar o mundo. É sabido que essa mudança de paradigma, no que diz respeito à maneira de pensar e conhecer as coisas que nos circundam, é que atribui à linguagem papel fundamental na busca do conhecimento e na comunicação.

A linguagem, portanto, é a forma de comunicação do ser humano, consistente na aptidão de enviar/receber informações por intermédio dos signos. Paulo de Barros Carvalho, trazendo sua definição para linguagem, afirma apresentar-se como "o modo de aquisição do saber científico, aplicada por meio de mecanismos lógicos, na construção de modelos artificiais para a comunicação científica";[29] é a capacidade do ser humano de comunicar-se.

A diferenciação do ser humano, como ser racional, é sua aptidão para se comunicar, de produzir e de adquirir conhecimento. A linguagem, portanto, exerce papel fundamental no processo de aquisição do conhecimento. Essa comunicação pode ou não ser idiomática, visto ser a língua apenas uma das suas muitas formas. É a forma que nos remete a um idioma, ou conjunto de signos vigente em determinada sociedade, utilizada para comunicação.

José Luiz Fiorin, ao tratar desse critério diferenciador, baseia-se nas precisas lições de Bakhtin, quando afirma, em sua obra:

> [...] sem linguagem não se pode falar em psiquismo humano, mas somente em processos fisiológicos ou processos do sistema nervoso, pois o que define o conteúdo da consciência são fatores sociais, que determinam a vida concreta dos indivíduos nas conduções do meio social [...] O discurso não é, pois, a expressão da consciência, mas a consciência é formada pelo conjunto dos

29. *Direito tributário* – Linguagem e método cit., p. 30.

> discursos interiorizados pelo indivíduo ao longo de sua vida. O homem aprende como ver o mundo pelos discursos que assimila e, na maior parte das vezes, reproduz esses discursos em sua fala.[30]

O processo comunicacional, resumidamente, ocorre com a transmissão de uma mensagem de um indivíduo para outro. Para a eficaz transmissão do conteúdo da mensagem, mostra-se imprescindível a presença dos seguintes elementos:

a) Emissor: o indivíduo que produz a mensagem e a transmite;

b) Receptor: aquele sujeito a quem a mensagem é destinada;

c) Mensagem: o conjunto de signos transmitidos;

d) Canal: o modo físico como a mensagem é transmitida (som, escrita, sinais);

e) Código: forma em que a linguagem se apresenta, comum aos dois sujeitos;

f) Conexão psicológica: "estado" de intenção em que os sujeitos emissor e receptor estão para realizarem a comunicação;[31]

g) Contexto: realidade em que se encontram inseridos os elementos do processo comunicacional.

Admitimos, com isso, que, na ausência de qualquer um desses elementos, não há que se falar em processo comunicacional, tampouco em imposição normativa, ou direito. A Figura 1 a seguir busca elucidar a participação de cada um dos elementos:

---

30. *Linguagem e ideologia*. 8. ed. São Paulo: Ática, 2007. p. 35.

31. Roman Jakobson, inovando o estudo dos processos comunicacionais, pode ser considerado o responsável pela determinação dos seus elementos; é, entretanto, de Paulo de Barros Carvalho a inserção do elemento conexão psicológica, em virtude de entender ser insuficiente o código comum entre emissor e receptor da mensagem, posicionamento do qual partilhamos.

Figura 1 – Elementos imprescindíveis para a eficácia da comunicação

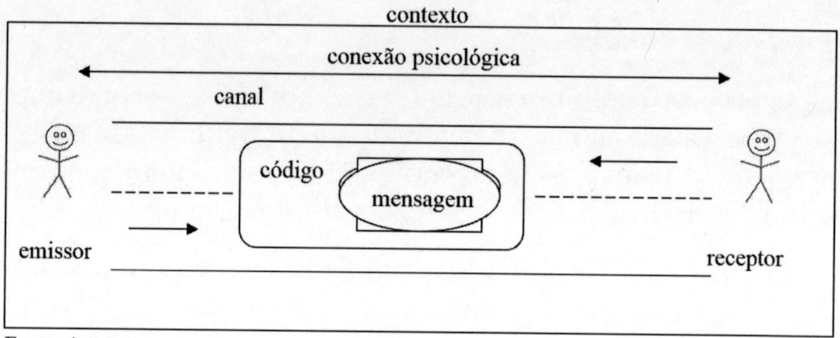

Fonte: A autora.

Trazendo esse quadro para o direito, em nível normativo geral e abstrato, temos o legislador como emissor da mensagem,[32] transmitindo ao receptor, os indivíduos da sociedade na qual a comunicação foi produzida (contexto), norma jurídica, representando a mensagem, no idioma local (código), pela produção de textos jurídicos, que é o canal.

Já a conexão psicológica é garantida pelo fato de o indivíduo estar inserido numa sociedade, portanto sujeito à normatividade jurídica, vale dizer, em um Estado Democrático de Direito. Podemos considerá-la a causa da "deformidade do indivíduo", aludida por Pontes de Miranda. Isso porque, nas palavras do jusfilósofo, "no imergir da sociedade, que preexiste a ele, deforma-se o indivíduo; e como tal deformação se dá antes da formação do seu caráter, o ente não-social é que é abstrato, o deformado é que é concreto e real".[33]

O código adotado pelo sistema do direito positivo brasileiro é a língua portuguesa,[34] com algumas particularidades,

32. Oportunas, novamente, as lições de Clarice Von Oertzen de Araújo: "como sistema, o direito garante a sua própria imperatividade numa relação de imputação que é simultaneamente imposta e aceita pelos destinatários, na medida em que os jurisdicionados são tanto os receptores como a fonte do poder ou da autoridade do editor normativo" (*Incidência jurídica*. Teoria e crítica cit., p. 27).

33. *Introdução à sociologia geral*. 14. ed. Campinas: Bookseller, 2003. p. 41.

34. BRASIL. Presidência da República. Casa Civil. *Constituição da República de 1988.*

visto ser técnica, "o que significa dizer que se assenta no discurso natural, mas aproveita em quantidade considerável palavras e expressões de cunho determinado, pertinentes ao domínio das comunicações científicas".[35]

Logo, percebemos que, tal como ocorre em qualquer comunicação, sem ao menos um dos elementos, o direito, como processo comunicacional, não existe. Sem o legislador, não há produção de mensagem; sem a sociedade, não há destinatário da mensagem legislada; sem o ato de vontade do legislador, não há a produção da mensagem; sem o suporte físico (o canal), não há mensagem; se o código não for comum ao legislador e ao destinatário, este último não poderá decodificar a mensagem, não poderá compreendê-la; e, sem conexão psicológica e contexto, estão os indivíduos em sistemas de referência diferentes.

O direito se apresenta em uma das muitas formas da linguagem. É sistema linguístico, do tipo verbal escrito, técnico (por utilizar discurso próprio do legislador), com função prescritiva de condutas intersubjetivas, cujos elementos são as normas. Tido como linguagem, ou seja, formado por processos comunicacionais, significa somente ingressar no sistema jurídico positivo as mensagens oriundas dessas comunicações, que são as normas jurídicas, sejam elas gerais ou individuais, abstratas ou concretas.

2.1.1.1 Atos de fala e teoria da decisão

Atos de fala são os elementos responsáveis pelo início do processo comunicacional – seu conjunto perfaz aquilo que chamamos de linguagem; é uma tomada de posição. Já o modo como a língua é utilizada determina a que grupo pertence o produtor desse ato e sua intenção ao emaná-lo.

Trazendo esse conceito ao mundo da linguagem do direito, tomamos a expressão *atos de fala* como enunciação. Isso

---

Brasília, 5 out. 1988. Art. 5º, XXXIX, art. 13. Disponível em: encurtador.com.br/dhwJO. Acesso em: 29 set. 2011.

35. CARVALHO, Paulo de Barros. *Curso de direito tributário* cit., p. 4.

porque, como visto, o direito nada mais é do que a conjugação de inúmeros processos comunicativos, tendo início com a elaboração das normas gerais e abstratas, pelo legislador, que, submetendo-se às regras do sistema para criação de normas, inicia o processo com um ato de fala, produzido na enunciação.

O ato de decidir consiste na opção feita pelo sujeito competente, baseado na valoração que realizou a partir do tema a ser regulado, que tanto pode ser para inovar o direito, ou seja, na linguagem do legislador ao criar normas gerais e abstratas, mas também se aplica ao juiz, ao realizar a valoração das provas trazidas em um processo, construindo a norma individual e concreta. Neste ponto, pertinente é a observação de Misabel Abreu Machado Derzi:

> O legislador traça os *programas-metas*, com objetivos a alcançar, pensando nas consequências de suas decisões até o fim. Ele decide entre os interesses postos em questão. Já o operador do Direito, como o juiz, é posto em face dessa seleção prévia, olhando para o *input* do sistema, onde se situam as fontes de produção legais. Ele não trabalha diretamente com interesses (políticos, econômicos, sociais, morais, etc.), mas *conceitos, ordenações e classificações* em que se converteram aqueles interesses, fechando-se operacionalmente o sistema às intervenções diretas do ambiente externo[36] (grifos da autora).

Fabiana Del Padre Tomé faz a seguinte afirmação acerca do assunto: "O direito surge por meio de decisões jurídicas. São os atos de fala, entendidos como enunciação, as condutas caracterizadoras de tomada de decisão, cujo resultado são os enunciados normativos postos no ordenamento".[37]

A decisão é, portanto, o produto do processo de decisão, que (i) inicia com o contato que o julgador trava com o suporte físico, que são os fatos em sentido amplo, passa para a (ii) seleção dos fatos que entende serem os relevantes para formação de seu convencimento, (iii) atribui sentido a cada uma dessas provas, suas significações, culminando no (iv) ato de decisão.

---

36. *Modificações da jurisprudência no direito tributário*. São Paulo: Noeses, 2009. p. 21-22.

37. *A prova no direito tributário* cit., p. 242.

No âmbito da norma concreta, a decisão segue o mesmo processo de decisão, vinculado, entretanto, às normas jurídicas já existentes no sistema, não cabendo discricionariedade ampla do juiz de compor o arcabouço probatório a seu bel prazer. Retomando o que dissemos acerca da teoria da linguagem, afirmamos não ser possível conhecer o objeto por completo; o que se tem são representações parciais que, por representações que são, não proporcionam acesso completo ao objeto, sendo que as dimensões a serem observadas são escolhidas pelo ser cognoscente. O mesmo faz o julgador ao selecionar os aspectos relevantes das justificativas das partes.

Nessa esteira, estão as lições de Lourival Vilanova:

> Há, pois, uma seleção de traços, cuja saliência é feita mediante juízos-de-valor. Não ocorre diferentemente quando se trata de buscar no sistema, entre as possíveis normas incidíveis no caso, aquela que lhe corresponde, sobrepondo-se-lhe, e dentro de cuja órbita o caso tem solução. Não se trata de incluir o caso concreto dentro da lei universal - como se verifica no conhecimento científico da natureza -, mas de ajustar a lei - que, aqui, é norma, regra, preceito - ao dado-de-fato, mescla de condutas e fatos naturais, a fim de solucionar com justiça.[38]

A decisão pressupõe interpretação. Não há como vislumbrar a aplicação do direito, sem que esta seja precedida da interpretação. Isso porque a decisão é a escolha feita pelo intérprete/aplicador do direito da norma que se encaixa ao evento social, para transformá-lo em fato jurídico em sentido estrito, e essa escolha somente se torna possível pelo processo da interpretação. Aplicação e decisão são produtos da interpretação.

2.1.1.2 Problemas no processo comunicacional – vícios de linguagem

A linguagem natural é marcada por problemas semânticos flagrados nos conceitos, seja porque estes podem representar vários objetos ou por não terem seu sentido delimitado.

---

38. O poder de julgar e a norma. In: VILANOVA, Lourival. *Escritos jurídicos e filosóficos*. São Paulo: Axis Mundi/IBET, 2003. v. 1, p. 361.

Há, ainda, a influência do intérprete, que, ao manter contato com o texto, está carregado de valores, proporcionados por sua formação – social, intelectual, moral, profissional – interferindo diretamente no sentido do texto.

O intérprete parte do texto para construir os conteúdos de significação. Se o suporte físico apresenta problemas que dificultam essa construção, a possibilidade de dois ou mais intérpretes terem uma discussão proveitosa referente ao texto se torna impossível, visto que cada intérprete vai estabelecer premissas muito diferentes para seu raciocínio.

Assim, temos como problemas de interpretação a vaguidade e a ambiguidade. Isso se dá principalmente com a linguagem natural, muito rica no campo pragmático, mas que apresenta problemas nos campos semântico e sintático (formação gramatical e contextualização), por ser de uso geral, vulgar, contendo palavras que se prestam a representar vários contextos diferentes.

A textura aberta da linguagem jurídica – fenômeno influenciado pelos vícios da linguagem, segundo Herbert Hart – se dá pela indeterminação da aplicação da legislação ou precedente em determinados casos.[39]

Já a discricionariedade, para o referido autor, é inerente à autoridade judiciária, e somente a ela, em decorrência da indeterminação, de se estabelecer o número de situações possíveis que se subsomem a determinada norma.

Em ambas as situações, a questão da "indeterminação" é o aspecto central: na textura aberta, a indeterminação é quanto à norma que se aplica àquela situação (parte do dever-ser para o ser) e na discricionariedade não se pode determinar a quantidade de fatos abrangidos por uma norma (parte do ser para o dever-ser).

Se a linguagem natural, como dissemos, apresenta distorções que dificultam a compreensão do discurso, em seus

---

39. *O conceito de direito*. Tradução A. Ribeiro Mendes. 3. ed. Lisboa: Fundação Calouste Gulbenkian, 1997. p. 141.

aspectos sintático e semântico, o campo da pragmática é capaz de reduzir essas dificuldades. Ao buscar o modo como os intérpretes utilizam tais e quais conceitos, viabiliza-se a construção de seu conteúdo.

Ao intérprete, entretanto, é imposta restrição nos limites do que pode atribuir aos conceitos, limites esses garantidores de um mínimo de consenso viabilizador do *código comum*, no processo comunicacional. Fundamental nesse ponto é o ensinamento de Fabiana Del Padre Tomé:

> O Constructivismo Lógico-Semântico não autoriza concluir que o intérprete tenha liberdade para atribuir a um determinado vocábulo o sentido que bem lhe aprouver. É claro que há uma liberdade estipulativa, porém limitada pelos horizontes da cultura. Caso contrário, não poderíamos nem sequer falar na existência de ambiguidade e vaguidade dos vocábulos, dificuldades semânticas presentes onde houver linguagem.[40]

Tem-se por vaguidade a falta de dados a respeito do suporte físico que o termo representa. O intérprete conhece o objeto, mas não a extensão do significado; não consegue estabelecer os limites do uso da palavra – não há precisão entre o que é e o que não é representado por um termo. É problema ligado à extensionalidade do conceito, ligado ao *valor* que se pretende atribuir a determinado conceito. Sua definição não apresenta critérios aptos a estabelecer seu alcance, tampouco seus limites.

A Figura 2 a seguir explicita bem o que pretendemos expor como vaguidade:

Figura 2 – Explicitação da vaguidade

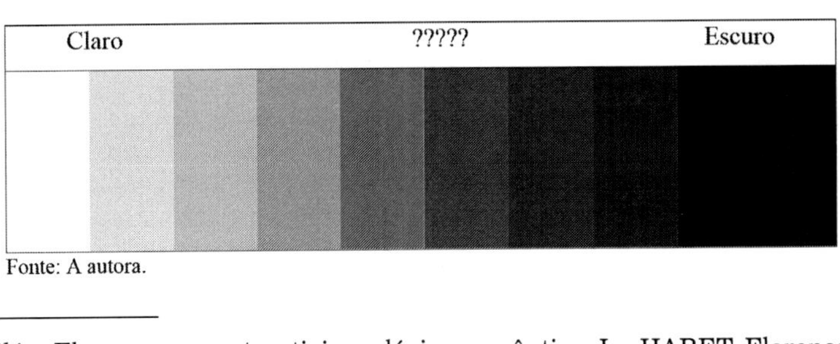

Fonte: A autora.

40. Vilém Flusser e o constructivismo lógico-semântico. In: HARET, Florence Cronemberger; CARNEIRO, Jerson. (Coord.). *Vilém Flusser e juristas*. São Paulo: Noeses, 2009. p. 339.

Se apresentarmos a imagem *supra* para um grupo de pessoas, das mais diferentes idades e formações culturais, questionando sobre quais colunas preenchem o atributo *claro* e quais se encaixam no *escuro* as duas primeiras e as duas últimas farão parte das escolhas da maioria, respectivamente.[41] O mesmo não acontecerá com as colunas intermediárias, podendo variar de acordo com a definição dos conceitos para cada intérprete inquirido.

Referindo-se à linguagem do direito positivo, é possível afirmar ser a vagueza, responsável por um sem-número de problemas de aplicação das normas gerais.

Figura 3 – Exemplo de homonímia: bateria

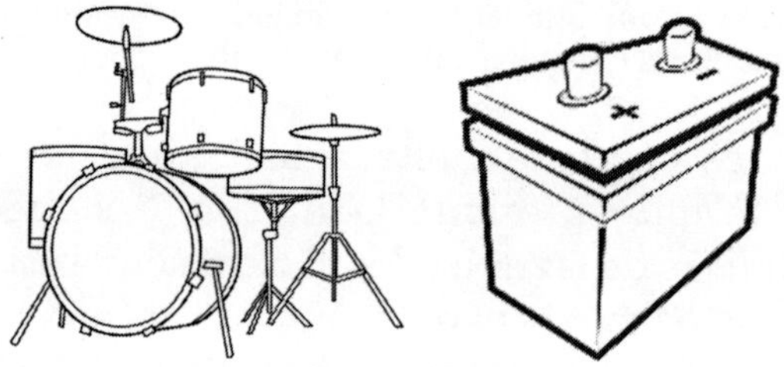

Fonte: Kids Alfabetização; Premium Baterias.

41. "O exemplo oferecido baseia-se no fato de que existem termos que se referem a situações em que o tempo e o espaço as vão alterando. Esses termos chamam-se 'contínuos'. A imprecisão das palavras não se apresenta unicamente em relação aos termos contínuos. Aparece também quando se pretende aplicar o termo a situações ou objetos que não exibem todas as características designativas explicitadas pela regra de uso. Aliás, tais regras não subministram propriedades designativas que possam ser consideradas 'condições necessárias suficientes' para a aplicabilidade denotativa do termo. Necessita-se, neste caso, de uma decisão designativa auxiliar (definição aclaratória), que não elimina os problemas da vaguidade, pois suas propriedades designativas precisar pelo fato de que nenhuma linguagem pode prever o surgimento de situações ou objetos inéditos" (WARAT, Luis Alberto. *O direito e sua linguagem*. 2. ed. Porto Alegre: Sérgio Antonio Fabris, 1995. p. 77).

Figura 4 – Exemplo de polissemia: pintura

Fonte: Diário da Elisa; Tarsila do Amaral.

*Obra: Abaporu, de Tarsila do Amaral.

Já, com a ambiguidade, o problema é outro. Ocorre quando um signo é utilizado para representar objetos diferentes, que não mantêm qualquer conexão entre si, é um problema de contexto. A ambiguidade pode se dar por haver (i) polissemia, quando um mesmo termo designar duas situações próximas por metáfora ou por manterem uma relação de processo e produto, ou (ii) homonímia, quando o conceito referir objetos bem distintos.

Havendo dúvida quanto ao objeto que o termo[42] representa, para minimizá-la ou eliminar seus efeitos, é necessária

42. Utilizam-se aqui *termo* e *palavra* como equivalentes. Louis Liard tem interessante estudo relacionado ao tema: "Noção e ideia são, no sentido mais geral, palavras sinônimas. Rigorosamente a palavra termo significa limite - TERMINUS. Os termos, assim compreendidos, são os limites da proposição, o sujeito com que ela começa, o predicado por que termina. Na linguagem corrente, termo é sinônimo de nome. Consoante Hobbes, 'um nome é uma palavra tomada arbitrariamente para servir de sinal que possa despertar em nosso espírito uma ideia semelhante a outra que já tivemos antes e que, ao pronunciarmo-la, possa ser para os que a ouvem o sinal da ideia que tivemos no espírito'. Daí resulta que os termos apenas têm sentido devido às ideias ou noções designadas por eles e que termos e noções se acham indissoluvelmente ligados. Toda noção pressupõe um termo ao qual se ligue como a um sinal; todo o termo, sob pena de não ser mais que um som sem significação, pressupõe a ideia por ele expressa" (LIARD, Louis. *Lógica*. Tradução Godofredo

uma contextualização. Esse vício de linguagem já diz respeito à intencionalidade do conceito.

Uma alternativa para eliminar vícios de linguagem é pelo processo de elucidação,[43] por meio do qual o remetente da mensagem adiciona ao conceito outros critérios que direcionem o intérprete ao sentido que pretendeu conferir ao termo. Neste aspecto, adverte Fernando Gomes Favacho:

> [...] como os "esclarecimentos" (critérios de uso) relativos a uma expressão são também outros termos que precisam ser interpretados, contextualizados e compreendidos, as elucidações são limitadas, e esta equivalência "pura" entre *explicandum* e *explicatum* só existe na lógica formal[44] (grifos do autor).

Desse modo, substituir as características de um conceito por um termo, facilita o discurso, mas pressupõe o conhecimento desse termo pelo intérprete, caso contrário poderá trazer prejuízo à compreensão da mensagem. Importante frisar, ainda, que os vícios da vaguidade e da ambiguidade somente ocorrem em virtude do que afirmamos anteriormente sobre o sentido dos textos, sempre variável, de acordo com quem deles (textos) estiver fazendo uso. Não implica, de modo algum, defendermos com isso a total liberdade do indivíduo nessa atribuição de conteúdo.

A linguagem jurídica segue o mesmo padrão: o legislador cria os textos jurídicos, mas não as normas. Essa produção se dá num segundo momento, chamado de aplicação. Importante frisar, ainda, que a cada aplicação uma nova norma jurídica será construída. O limite para criação das normas jurídicas

---

Rangel. 9. ed. São Paulo: Nacional, 1979. p. 9).

43. "[...] perceberam os neopositivistas lógicos que a linguagem natural, com os defeitos que lhe são imanentes, como por exemplo a ambiguidade, jamais traduziria adequadamente os anseios cognitivos do ser humano, donde a necessidade de partir-se para a elaboração de linguagens artificiais, em que os termos imprecisos fossem substituídos por vocábulos novos, Carnap chamou de 'processo de elucidação'" (CARVALHO, Paulo de Barros. *Direito tributário* – Linguagem e método cit., p. 21-22).

44. *Definição do conceito de tributo*. São Paulo: Quartier Latin, 2011. p. 47.

é estabelecido pelo próprio texto, como bem assevera Tárek Moysés Moussallem:

> [...] o direito positivo por meio de regras de estrutura limita a atividade do intérprete/aplicador. Por isso não é qualquer sentido que pode ser atribuído às palavras União Federal, Estados, Municípios, renda, serviço, mercadoria, tributo, funcionário público e várias outras. Se assim fosse de nada valeriam os textos legais.[45]

Na interpretação/aplicação do direito, podemos entender que o suporte físico é composto pelos textos do direito positivo, que levam o intérprete a formular proposições a partir deles e, somente depois, constrói normas jurídicas.

Como se pode notar, a construção das normas jurídicas depende dos textos de lei, agregados aos valores que o indivíduo carrega consigo para o processo de interpretação, já que utilizará tais valores e experiências na formulação das normas jurídicas e nas relações que entre elas se estabelecem.

2.2 Texto e contexto

2.2.1 Aspectos dinâmicos dos planos de linguagem no Direito

Podemos dizer que a linguagem social está para a linguagem do direito positivo, assim como está para a linguagem da Ciência do Direito. É uma camada de linguagem que incide sobre a outra.

Na linguagem da realidade social estão todos os acontecimentos intersubjetivos. O direito positivo volta-se para essa linguagem e recorta o que lhe é importante: está formada a linguagem do direito positivo.

---

45. Interpretação restritiva no direito tributário. In: SOUZA, Priscila de (Coord.). *Direito tributário e os conceitos de direito privado*. São Paulo: Noeses, 2010. p. 1215-1216.

Sobre essa linguagem do direito positivo é realizado um novo recorte, em que são analisados seus aspectos com a finalidade de descrevê-lo, dando início ao sistema da Ciência do Direito.

As três linguagens organizam-se em camadas de sobreposição; podendo ser consideradas, desse modo, que a linguagem da realidade social é objeto da linguagem do direito positivo, e a linguagem do direito positivo ocupa, em relação àquela, a posição de metalinguagem e, em relação à ciência do direito, a de linguagem-objeto.

Acerca dessa relação e sobreposição de linguagens, Vilém Flusser ensina:

> [...] a realidade, este conjunto de dados brutos, está lá, dada e brutal, próxima do intelecto, mas inatingível. Este, o intelecto, dispõe de uma coleção de óculos, das diversas línguas, para observá-la. Toda vez que troca de óculos, a realidade, "parece ser" diferente. [...] o intelecto e os dados brutos podem realizar-se de diversas formas, isto é, em línguas diferentes. Cada língua por si é o lugar onde dados brutos e intelectos se realizam. Ou, descrevendo a mesma situação de maneira diferente: toda língua tem dois horizontes, a saber, os dados brutos que tendem a realizar-se nela, e os intelectos que nela pensam. Entretanto, *dado bruto e intelecto* não são reais, não estão realizados, senão dentro de alguma língua[46] (grifos do autor).

Quanto maior o nível da linguagem, mais depurada ela será. A linguagem da realidade social é vulgar, imprecisa, formada por expressões vagas e ambíguas. O direito positivo já é mais preciso em relação à primeira linguagem, é composto por uma linguagem técnica, misto de linguagem vulgar e científica. Nessa cadeia, a Ciência do Direito está no topo, apresentando a forma mais precisa, com termos que buscam precisão, eliminando vícios de ambiguidade e vaguidade.

---

46. FLUSSER, Vilém. *Língua e realidade*. 2. ed. São Paulo: Annablume, 2005. p. 53.

Sobre a linguagem científica, afirma o autor:

> [...] a ciência *senso stricto*, tal qual a conhecemos no Ocidente desde o Renascimento, equivale, deste ponto de vista, ao aparecimento de uma nova língua. Nela, os dados brutos se realizam em símbolos matemáticos. Os intelectos nela pensam em símbolos matemáticos. Por ser uma língua recente, ela ilustra admiravelmente como a língua em geral funciona.[47]

Podemos afirmar que cada camada de linguagem busca traduzir a imediatamente anterior, aprimorando-a.

2.2.2 Noção de Sistema: considerações necessárias

Tem-se por Sistema o conjunto de elementos que possuam uma ou mais características identificáveis em todos eles. Entretanto, para que consideremos um grupo de elementos como sistema, esse agrupamento deve manter um mínimo de organização estrutural. Para Tárek Moysés Moussallem,

> [...] o sistema (classe – extensão) existe onde seus elementos (denotação) são proposições preenchedoras do critério de pertinência, estipulado pela conotação, as quais, por sua vez, mantêm relações de subordinação e coordenação.[48]

O direito, portanto, é um sistema normativo. Para estar inserido no sistema, todo comando deve ser adequado ao formato de norma – em seu sentido lato. Não só o direito positivo, mas as duas camadas de linguagem do Direito (direito positivo e ciência do direito) são sistemas.[49]

---

47. *Língua e realidade* cit., p. 53.

48. *Revogação em matéria tributária*. 2. ed. São Paulo: Noeses, 2011. p. 135.

49. Seguindo a linha de raciocínio de Paulo de Barros Carvalho, ordenamento jurídico pode ser tomado como sinônimo de sistema, em virtude de o discurso normativo ser dotado de uma organização, próprio das mensagens prescritivas, a saber: "a despeito de tomar as variações terminológicas como precioso recurso para a construção da descritividade própria do discurso científico, não vejo como se pode negar a condição de sistema a um estrato de linguagem tal como se apresenta o direito positivo. Qualquer que seja o tecido de linguagem que tratamos, terá ele, necessariamente,

O sistema do direito positivo é formado por enunciados prescritivos; suportes físicos de normas jurídicas – que se relacionam em critérios de coordenação e subordinação, formando o corpo de linguagem coercitiva voltado a regular certas condutas intersubjetivas. Apesar de possuírem conteúdo heterogêneo relativamente ao aspecto semântico da linguagem do direito, sua estrutura é idêntica em todas as normas: D(H → C),[50] que diz respeito ao aspecto sintático dessa mesma linguagem. Eis um elemento característico comum do direito.

Tomada como ponto de partida a norma jurídica, chega-se ao ápice dessa estrutura denominada Sistema Normativo. Não há como conhecer a estrutura completa do direito sem que se saiba como seus componentes são formados e como se relacionam.

Configura-se como sistema formalmente fechado, mas aberto para transmissão de sentidos, em função de se comunicar com o meio à sua volta, colhendo informações desse ambiente externo e devolvendo a ele suas decisões.[51]

---

aquele mínimo de racionalidade inerente às entidades lógicas, de que o ser sistema é uma das formas" (*Direito tributário* – Linguagem e método cit., p. 213).
Para Gregorio Robles, o direito positivo carece de uma organização mais elaborada, não podendo ser elevado ao patamar de Sistema. Propõe ainda o autor, distinção entre Ordenamento e Sistema, sendo o primeiro uma forma mais rudimentar de organização, próprio da linguagem prescritiva, e o segundo, uma organização pormenorizada de elementos e relações, inerente à linguagem descritiva das Ciências. "La construcción hermenéutica del sistema y de las normas que lo compone es, como ha quedado expuesto, la meta de la dogmática. Al operar sobre el texto jurídico en bruto, que constituye el ordenamiento, ciertamente que la dogmática se ve limitada por la existencia de dicho material, y en ese sentido no podrá nunca <inventarse> *ex nihilo* las normas ni el sistema. Ahora bien, el ordenamiento es el punto de partida de la interpretación, cuya fase final es la generación del sistema y de las normas que lo componen. En el camino que va desde el ordenamiento al texto jurídico elaborado, que es el sistema, hay todo un trabajo de perfeccionamiento, armonización y acabado, que no puede ser calificado sino de <creativo>" (Teoría del derecho. *Fundamentos de teoría comunicacional del derecho*. 2. ed. Espanha: Thomson Civitas, 2008. v. I, p. 143).

50. Utiliza-se aqui H e não F por se tratar de discurso voltado às normas gerais. Outro ponto importante a elucidar é referente à estrutura utilizada. Ao tratarmos norma como elemento do sistema jurídico normativo, falamos de norma em sentido estrito. Para atingir tal estrutura, é sabido que essas normas se utilizam de partes, a que nominamos de normas, em sentido lato.

51. Nesse sentido são as lições de Misabel Abreu Machado Derzi: "Num certo aspecto, o material (considerando-se os materiais integrantes, seu sentido e interpretação),

Já a Ciência do Direito tem igual condição de ser classificada como Sistema, por ser composta, exclusivamente, por proposições descritivas do direito positivo. Por se tratar de uma Ciência, pressupõe uma organização estrutural rigorosa, sendo proferida em linguagem descritiva rigorosa e estando submetida à verificação de seu conteúdo pelos valores de verdade/falsidade.

O direito positivo é considerado um sistema autopoiético,[52] por produzir seu próprio modo de criação e organização, sendo autônomo em relação ao ambiente que o cerca, ou seja, aos demais sistemas sociais e não aceitando inclusão de esquemas de forma natural, sem que sobre essas inovações possa exercer sua força.

Não há como negar a comunicação estabelecida entre o sistema normativo e os demais sistemas sociais, já que ao direito incumbe a tarefa de propiciar a vida em sociedade, ao imprimir os valores que considera necessários aos seus indivíduos; o que não se afirma, com isso, é que essa *intertextualidade* ocorra de forma indiscriminada, num ir e vir de conceitos e valores, sem regras e procedimentos.

Tanto é assim, que Lourival Vilanova já afirmava:

> O direito tanto sofre a mudança, a passagem do subdesenvolvimento para o desenvolvimento, como por sua vez opera como fator, detendo ou promovendo a mudança. Não é passivo reflexo do que flui subjacente no interior do social.[53]

A relação entre as linguagens do Direito Positivo e da Ciência do Direito é de linguagem-objeto aquela e metalinguagem

---

todos os sistemas que se vinculam às ciências da compreensão, inclusive o jurídico, seriam abertos. O sistema transaciona matéria ou informação com seu meio ambiente, seja através daquilo que entra, o *input*, seja por meio de seu produto, o *output*" (*Modificações da jurisprudência no direito tributário* cit., p. 17).

52. Para saber mais vide: LUHMANN, Niklas. *Social systems*. Stanford: Stanford University Press, 1995.

53. Proteção jurisdicional dos direitos numa sociedade em desenvolvimento. In: VILANOVA, Lourival. *Escritos jurídicos e filosóficos*. São Paulo: Axis Mundi/IBET, 2003. v. 2, p. 475.

esta. Dessa feita, a Ciência do Direito pressupõe a existência do direito positivo, visto que esse é seu objeto, sua razão de ser. Entretanto, a recíproca não é verdadeira: o direito positivo pode perfeitamente atingir seu objetivo – de regular condutas intersubjetivas – sem que haja sobre ele uma linguagem que o descreva.[54]

A Ciência do Direito é o resultado do estudo dos textos prescritivos – cujos valores são o válido e o não válido –, com o intuito de descrevê-los e sistematizá-los em uma outra camada de linguagem, chamada metalinguagem, atuando com os valores *verdade* e *falsidade*.

Trata-se de uma linguagem rigorosa, impedindo, desse modo, a presença de contradição entre seus componentes. Cabe à dogmática jurídica o dever de determinar os sentidos dos vocábulos utilizados nos textos normativos, reduzindo suas imperfeições, para proporcionar à sociedade meios de cumprir com as condutas nele estabelecidas.

Além de poder demonstrar essa relação mantida entre os dois corpos linguísticos normativos, linguagem-objeto de um lado e metalinguagem de outro, importante frisar a influência que uma exerce sobre a outra, num processo de alimentação que o direito positivo realiza perante sua Ciência.[55]

Ao afirmar ser o direito positivo objeto da dogmática jurídica, limitamos suas atenções e interesses a essa linguagem-objeto, além de deixar patente a existência de relação intertextual existente entre ambos.

---

54. Isso não quer dizer que concordamos com a teoria que entende haver realidade sem linguagem, mas apenas que, para aplicar o direito positivo, não se faz necessária a existência de uma Ciência.

55. Ao tratar genericamente de Ciência, Vilém Flusser traz importante colaboração ao tema, a saber: "a ciência, conforme já foi dito, é a tentativa de catalogar e classificar aparências, e a cada página do catálogo e a cada classe de aparências corresponde uma ciência especializada. A língua, tomada como aparência, forma o campo de uma ou mais ciências especializadas. Mas é evidente que a língua, tomada assim como aparência, não serve como base do conceito entendido neste contexto. Por outro lado, será impossível ignorar por completo este aspecto da língua" (*Língua e realidade* cit., p. 35).

2.2.3 Conceito de direito: definição pelo contexto

> *Mas, que é um nome?*
>
> *Se outro nome tivesse a rosa, em vez de rosa,*
>
> *Deixaria de ser por isso perfumosa?*
>
> Shakespeare

Para o fim deste trabalho, tomaremos direito como o conjunto de normas válidas em determinado país, que visem regular as condutas intersubjetivas. Não avançaremos no campo do conteúdo específico das normas, tampouco nos valores que motivam sua criação, certos, entretanto, de sua inerência ao próprio direito, mas fora do campo do presente estudo.

Nosso objetivo é apresentar o direito como estrutura normativa, que visa atender os interesses de ordem da sociedade, mantendo certa regularidade nas condutas de seus indivíduos.

Corroborando esse entendimento, trazemos à tona as palavras de alguns juristas sobre o conceito de direito, a começar por Paulo de Barros Carvalho:

> Qualquer trabalho jurídico de pretensões científicas impõe ao autor uma tomada de posição no que atina aos conceitos fundamentais da matéria em que labora, para que lhe seja possível desenvolver seus estudos dentro de diretrizes seguras e satisfatoriamente coerentes. E, desde logo, coloca-se o problema da própria conceituação do Direito, na medida em que se procura discorrer sobre a natureza e a estrutura interior da norma jurídica, posto que falar em norma jurídica, em última análise, é tratar do próprio Direito.[56]

Hans Kelsen, ao tratar do assunto, leva em conta os ordenamentos jurídicos de diversas épocas das mais variadas sociedades e conclui: "resulta logo que todos eles se apresentam como ordens de conduta humana. Uma 'ordem' é um sistema

56. *Teoria da norma tributária*. 5. ed. São Paulo: Quartier Latin, 2009. p. 32.

de normas cuja unidade é constituída pelo fato de todas elas terem o mesmo fundamento de validade".[57]

Dessas lições, temos em comum a normatividade do direito, sendo sua característica principal. Conhecemos, entretanto, outros sistemas sociais normativos, como a religião e a moral. E qual seria o critério diferenciador entre o direito e essas outras ordens? Entendemos serem duas as diferenças marcantes. A primeira é que ao direito só importam as condutas intersubjetivas; o intrassubjetivo e o puramente natural[58] não importam ao direito. A segunda faz referência à coercitividade do direito, também chamada por alguns de sindicalidade.

A coercitividade é assegurada pelas normas que atribuem ao Estado o dever de garantir o cumprimento das ordens jurídicas ou determinar uma sanção pelo seu descumprimento. É exatamente nesse sentido o posicionamento de Fabiana Del Padre Tomé,

> [...] o sistema jurídico diferencia-se funcionalmente dos demais subsistemas sociais exatamente por estar incumbido de garantir a manutenção de expectativas normativas, ainda que estas venham a ser frustradas em virtude da adoção de comportamentos divergentes daqueles normativamente previstos.[59]

Não se afirma aqui, todavia, a inexistência de sanção e coercitividade nas demais ordens: aquele que descumpre uma ordem moral pode sentir-se mal, estabelecer para si uma autopunição, ou, ainda, o religioso, com o descumprimento de uma ordem divina, receberá uma sanção de seu sacerdote. Isso é plenamente possível e inerente aos comandos normativos. O que não há, em nenhuma das duas situações, é a presença de um terceiro (no caso do direito, exercido pelo Poder

---

57. *Teoria pura do direito*. 2. ed. São Paulo: Martins Fontes, 1987. p. 34.

58. Tratamos aqui como *puramente naturais* as situações que não dependem da atuação humana e que em nada atingem qualquer membro da sociedade (p. ex.: uma chuva no oceano ou na mata, que não destrói uma casa sequer).

59. *A prova no direito tributário* cit., p. 63.

Judiciário), que faça valer essas punições. Enfim, a coercitividade estatal constitui o critério distintivo em relação aos demais sistemas normativos.

2.2.3.1 Características do direito positivo como sistema normativo prescritor de condutas

Como dito linhas acima, temos por direito positivo o conjunto de normas válidas, especialmente elaboradas com o intuito de regular as condutas humanas intersubjetivas, num determinado território. Paulo de Barros Carvalho, nessa mesma esteira, define o direito positivo por "complexo de normas válidas num determinado país".[60]

Essa proposta de conceito de direito positivo não se coaduna com nenhuma divisão do sistema normativo, salvo a meramente didática. Isso porque, para a devida interpretação e compreensão dos textos jurídicos, faz-se necessária a totalidade desses suportes físicos.

Almeja-se a exposição do tema de forma ampla, no que for comum a todo o sistema, e de forma específica, ao que estiver diretamente voltado ao foco de nossas atenções.

Reafirmando nossas premissas, podemos sintetizar os aspectos formadores do direito positivo, até o momento abordados:

(i) Direito positivo como linguagem

Partimos do pressuposto de que todo conhecimento se dá pela linguagem; não há, portanto, outra forma de acesso ao conhecimento. Conhecimento, realidade e verdade são aspectos da linguagem dentro de um sistema de referência. As afirmações sobre determinado objeto são válidas somente nesse âmbito, sob determinado enfoque. [61]

---

60. *Curso de direito tributário* cit., p. 6.

61. "A língua é o conjunto de todas as palavras percebidas e perceptíveis, quando ligadas entre si de acordo com regras preestabelecidas. Palavras soltas, ou palavras amontoadas sem regra, o balbuciar e a 'salada de palavras', formam a borda, a

A linguagem do direito positivo tem por função principal a prescritividade de condutas, de modo a induzir os destinatários dos textos jurídicos positivos a agirem de acordo com as regras neles previstas.

(ii) Direito positivo como sistema

A composição sintática do direito positivo tem uma estrutura homogênea, que são suas unidades, chamadas normas jurídicas. E é exatamente por essa característica que confere ao direito positivo o atributo de sistema. Essas unidades estão umas com as outras em relação de coordenação e subordinação, de forma a organizar o sistema, e, por se tratar de ordens, mandamentos, não estão sujeitas aos valores de verdadeiro e falso, mas de validade e invalidade, que é a relação que mantêm com o sistema, de ser ou não parte integrante dele.[62]

(iii) Direito positivo como objeto cultural

Ainda nessas bases, a divisão dos objetos é feita a partir de sua essência, ou seja, são separados em classes de acordo com sua ontologia, tendo o ser humano como pontos de referência de onde se irradiam os espaços correspondentes.[63] Encontra-se o direito (tanto o direito positivo, quanto a Ciência do Direito) na região dos objetos culturais, visto que sua criação depende da vontade e da necessidade humanas.

Por ser cultural, o direito positivo é também um bem social voltado a estabilizar as relações sociais, imprimindo, nos atos subjetivos de seus destinatários, os valores que a

---

margem da língua. São os extremos caóticos do cosmos da língua. O estudo da língua tal como é percebida equivale à pesquisa de um cosmos. Dada a nossa definição de realidade como conjunto de palavras e de palavras *in nascendi*, é o estudo da língua possivelmente a única pesquisa legítima do único cosmos concebível" (*Língua e realidade* cit., p. 41).

62. Nesse sentido, *vide* Tácio Lacerda Gama, seguindo essa linha, afirma que "falar em 'sistema' é falar na totalidade de elementos reunidos por uma característica comum e organizados de acordo com certos padrões" (*Competência tributária:* fundamentos para uma teoria da nulidade. 3. ed. rev. e ampl. São Paulo: Noeses, 2020. p. 148).

63. *Direito tributário* – Linguagem e método cit., p. 15.

sociedade entende como importantes. Com isso, são relevantes para o direito apenas os atos que envolvam ao menos dois sujeitos, ou melhor, resultantes em relações intersubjetivas. Todo ato intrassubjetivo é estranho ao direito positivo.

(iv) Direito positivo como prescritor de condutas

Primeiramente, podemos traçar um paralelo entre as leis naturais e as jurídicas, visto que as primeiras limitam-se a realizar uma descrição dos fenômenos naturais, com um mínimo de intervenção humana. São relações predicativas submetidas aos valores de verdade, quando das premissas se extraem as conclusões apontadas, e de falsidade, quando o mesmo não se verifica; ao passo que as leis jurídicas são prescritivas de condutas, são *implicacionais* e não naturais ou predicativas. Quer dizer, as premissas (hipóteses) são postas junto das conclusões (consequentes), arbitrariamente por um grupo social, que, sem essa imposição, não manteriam conexão alguma. Seus valores são o de validade (pertinente ao sistema) ou invalidade (não pertinente).

Significa que, por mais que o ponto de partida do direito tenha como base o sistema das relações interpessoais, levando-se em conta uma dada sociedade, em uma época determinada, quando o sistema do direito se forma, tem ele autonomia em relação às suas referências de base, cumprindo estas, aspectos meramente históricos.

Tomemos, por exemplo, as atividades de uma empresa: (i) sua abertura será regulada pelas normas de direito contratual, entre os sócios; (ii) a contratação dos funcionários será regida pelas leis trabalhistas; (iii) a comercialização de seus produtos e/ou serviços estará sujeita às regras de direito do consumidor e do CADE; e (iv) toda a atividade por ela empreendida, direta e indiretamente ligada à sua atividade-fim, sofrerá a incidência de diversos tributos, seja na comercialização de produtos e serviços, bem como os incidentes sobre folha de salários, além de outras atividades não exemplificadas aqui.

O direito será sempre uma linguagem incidente sobre a realidade social, outra linguagem, portanto, que recorta as dimensões que lhe importam para regular determinadas condutas. Ocorre, que, por diversas vezes, o direito realiza vários recortes de uma mesma realidade, para que sobre ela incidam normas jurídicas das mais diversas categorias.

Daí não há que falar, por exemplo, em fatos jurídicos de conteúdo econômico, mas o que se tem são recortes da realidade, de acordo com as parcelas da realidade social que o legislador pretende ver reguladas.

2.2.3.2 Aspectos relevantes acerca da criação e validade das normas jurídicas

Como se viu nos tópicos desenvolvidos até o momento, o direito é formado por decisões. Decisões dos legisladores que selecionam as condutas que querem ver reguladas e de como as querem regular. São as decisões responsáveis pela criação, manutenção e modificação do ordenamento jurídico.

Sistematicamente, podemos atribuir ao direito um ponto de partida, chamado de norma hipotética fundamental. "É a proposição-limite. Antes, está o meramente factual (físico ou social), que ainda não se juridicizou".[64]

O estudo das fontes do direito nos permite isolar tudo aquilo que faz parte do direito propriamente dito (na concepção da teoria pura de Kelsen), do pré-jurídico. Ademais, é instrumento de grande utilidade no processo de interpretação das leis. Segundo as lições do saudoso Professor Lourival Vilanova, "a hipótese da proposição normativa do Direito tem um valer específico: vale, tem validade jurídica, foi posta consoante processo previsto no interior do sistema jurídico".[65]

Fontes do direito são os acontecimentos promovidos pelo legislador com a finalidade de produzir normas jurídicas, são

64. *Estruturas lógicas e o sistema de direito positivo* cit., p. 153.

65. Ibidem, p. 58.

eventos credenciados pelo sistema jurídico para a introdução de novas regras. Assim, podemos afirmar serem válidas as proposições jurídicas inseridas no sistema mediante procedimento previsto e pessoa (ou órgão) devidamente autorizada(o) – pela análise da enunciação.

Outro aspecto relevante ao estudo das fontes do direito está relacionado ao fato de o direito, por tratar-se de objeto cultural, ser carregado de valor. A enunciação apresenta a pessoa responsável pela introdução da norma no ordenamento jurídico, bem como o procedimento seguido na produção da norma. Assim, a hierarquia em que estão colocados os órgãos legiferantes e a rigidez do procedimento adotado indicam as relações estabelecidas entre as normas jurídicas presentes num dado sistema de direito positivo.

Alguns autores fazem a distinção das fontes entre formais e materiais. Essas são consideradas como os atos de fala do legislador – a enunciação pura e simples –, enquanto as primeiras seriam a enunciação já eternizada, vertida em linguagem competente: a enunciação-enunciada, o veículo introdutor de normas.

Para nós, os acontecimentos efetivamente responsáveis pela criação de normas jurídicas são aqueles que compõem o processo legislativo, são ainda fatos sociais. Após a tradução desses acontecimentos em linguagem jurídica, deixam esses fatos de ser meramente sociais ou políticos para se transformar também em fatos jurídicos.[66] Daí admitir esses fatos jurídicos como fontes de normas jurídicas é inaceitável. Estaríamos, conforme leciona Paulo de Barros Carvalho, afirmando que normas criam normas, direito cria direito, numa proposição evidentemente circular, que deixa o primeiro termo como resíduo inexplicado.

---

66. Nesse sentido pondera Fernando Gomes Favacho: "Um conceito jurídico pode se desprender da realidade? A resposta, por óbvio, é: não há conceitos da realidade que se sobrepõem ao jurídico. Em outras palavras, um conceito jurídico pode se desprender da realidade" (*Definição do conceito de tributo* cit., p. 52).

Uma proposição normativa retira seu fundamento de validade sempre e invariavelmente de outra proposição normativa. Uma norma vale, somente pode ser considerada pertencente ao sistema, se obedecer a essa regra.

Nesse percurso regressivo, a norma inserida segue os padrões estabelecidos pela proposição que lhe dá fundamento, numa escala hierárquica superior, até o atingimento da norma hipotética fundamental.[67] Por essa afirmação, podemos concluir que o sistema jurídico regula não somente as condutas recolhidas da realidade social, mas também sua formação; é a característica da autopoiese, tratada há pouco.

A referida busca, entretanto, fica limitada à forma que essas normas derivadas deverão possuir para serem inseridas no ordenamento. Lembrando que as normas apresentam um dever-ser, é desse modo que as normas fundantes influenciam as normas fundadas: como limite sintático de construção.

As normas jurídicas, produto do trabalho de inovação jurídica, ou seja, das fontes do direito, são submetidas aos modais deônticos, que se referem à regulação de condutas, e serão realizadas pelos operadores "P" permitido, "V" proibido (ou vedado) e "O" obrigatório.

Forçoso afirmar que o direito pode operar apenas nas condutas factualmente possíveis, ou seja, no campo ontológico da possibilidade. Isso porque seria logicamente impossível caso o direito viesse a, p. ex., vedar conduta necessária ou obrigar conduta impossível. A hipótese normativa somente se ocupa de possível ocorrência no mundo, possível modificação no estado de coisas em que haja circunstância humana intersubjetiva.

---

67. Elucidando essa afirmação: "[...] a posição que uma norma ocupa na escala do sistema é relativa. Pode ser, a um tempo, uma sobrenorma e uma norma-objeto. Essa relatividade está expressa nos conceitos de criação e de aplicação: criar uma norma N" é aplicar a norma N'; criar a norma N'é aplicar a norma N^0. A norma N^0, que funciona como a última no regresso ascendente, é a norma fundamental, que não provém de outra norma, que é norma de construção, sem ser de aplicação" (VILANOVA, Lourival. *Estruturas lógicas e o sistema de direito positivo* cit., p. 154-155).

A hipótese normativa não traça o que, com necessidade, ocorrerá. Para a hipótese, a ocorrência é tomada a título de possibilidade, como ponto de referência possível, condicionando a vinculação de consequências para a conduta humana. Daí a afirmação de que a hipótese é incidente na realidade e não coincidente com ela. A norma jurídica não é mera descrição de ocorrências sociais, mas prescritiva de condutas, de modo que não pode se voltar às condutas necessárias.

Da mesma forma, não pode incidir sobre uma realidade impossível, pois, para se tornar jurídico, o fato tem que ser fato social. A hipótese normativa funciona como descritor; descreve uma situação social, portanto de possível ocorrência.

Norma jurídica não tem força para regular o acontecimento desses fatos, seja para obrigá-los, para permiti-los ou para proibi-los, mas, apenas, de relacionar uma consequência, caso venham a ocorrer, estabelecer uma relação jurídica em virtude da ocorrência desse fato. A validade das normas é aferida pelo procedimento de criação da norma (processo legislativo correspondente e pessoa/órgão juridicamente autorizado), cuja previsão consta do ordenamento, e não pelo seu cumprimento.

Das lições de Tárek Moysés Moussallem,[68] tiramos que a validade normativa, como qualquer outra instituição linguística, pode ser analisada nos três aspectos semióticos: sintático, semântico e pragmático.

No que diz ao caráter sintático, a validade é auferida pela composição sintática correta e pelo atendimento às regras de subordinação e coordenação estabelecidas pelo sistema normativo. Já no plano semântico, a validade diz respeito à relação existente entre a linguagem do direito positivo e a da realidade social, restrita às condutas interpessoais possíveis e à relação de subordinação material[69] existente entre as normas. Pela ótica

68. *Revogação em matéria tributária* cit., p. 143 e ss.

69. Utiliza-se a expressão *subordinação material* em virtude de a linguagem jurídica depender de acontecimentos da realidade social para construir os fatos jurídicos.

pragmática, o que se tem é a validade analisada pelas teorias do discurso e dos atos de fala, ou seja, pelo ato de enunciação.

Tárek Moysés Moussallem afirma, ainda, que

> [...] a perda da validade de um enunciado prescritivo não decorre da infelicidade da sua enunciação, mas tão-só do direito positivo, isto é, requer-se a produção (enunciação) de outro enunciado prescritivo que, em cálculo com aquele outro, tenha por resultado uma classe vazia.[70]

Como dito linhas acima, a validade é a relação de pertinência existente entre a norma e o sistema a qual se pretende reputada. É a definição proposta por Luís Cesar Souza de Queiroz:

> [...] a qualidade de toda norma jurídica (não apenas norma, porém, norma jurídica) que pertence a um determinado sistema de Direito Positivo, em função de ter sido regularmente produzida, ou seja, em virtude de ter sido produzida em consonância com o prescrito pela correspondente norma de produção normativa.[71]

A validade da norma é garantida mesmo antes de propagar seus efeitos e, ainda que não ocorram por falta de acatamento, permanecerá inatingida, visto que é aferida pelo procedimento de criação da norma (processo legislativo correspondente e pessoa/órgão juridicamente autorizado) e não pelo seu cumprimento. A análise do acatamento de uma norma é objeto extrajurídico, analisado pela eficácia social. A majestosa lição de Lourival Vilanova reforça nossa posição, ao afirmar:

> [...] no Direito, a generalidade e a validade na norma abstrata advêm do dever-ser e fazem com que a norma individual subordinada não possa deixar de ser também válida. E ainda que a norma individual seja discrepante da universal, não compromete a validade dessa universal.
>
> [...] a validade do enunciado universal não se desfaz com proposição normativa individual de validade oposta, mas por outra

70. *Revogação em matéria tributária* cit., p. 150.

71. *Sujeição passiva tributária*. Rio de Janeiro: Forense, 1998. p. 123.

> norma que, segundo o método estabelecido no sistema, traz força ab-rogante.[72]

Fosse de outra forma, toda vez que descumprida norma jurídica primária, teríamos não o pressuposto de instalação de relação jurídica processual – a norma jurídica secundária –, mas a retirada das duas normas do sistema. Com o compromisso de elaborar um discurso rigoroso, não podemos considerar a validade em seu aspecto pragmático estrita ao processo de enunciação normativo, ser afetada por outro momento pragmático: o do acatamento das normas pela sociedade, mesmo que se trate de um não acatamento reiterado, que, como visto, dependerá da atividade de outra norma, para retirá-la do sistema.

Desse modo, para que a norma incida, faz-se necessário: (i) ser válida: existir; estar devidamente inserida num sistema normativo, com procedimento previsto e pessoa competente; (ii) ser vigente: possua condições de normatizar ocorrências sociais do futuro; (iii) ser eficaz: possuir os elementos sintáticos e semânticos aptos à construção do fato jurídico; e (iv) possuir suporte fáctico: a ocorrência concreta da situação normativamente prevista.

2.2.4 Da completude sistêmica: uma possibilidade

De acordo com as lições de Tácio Lacerda Gama,[73] há dois modos de analisar a completude do sistema: do ponto de vista do observador, que está fora do sistema jurídico, e do ponto de vista do sujeito participante.

Partindo dessa classificação, o sistema pode ser tido como incompleto pelo primeiro intérprete, que encontra situações sociais não abarcadas pelo ordenamento jurídico, enxergando,

---

72. *Estruturas lógicas e o sistema de direito positivo* cit., p. 114.

73. *Vide* a obra: *Competência tributária:* fundamentos para uma teoria da nulidade cit.

ainda, uma multiplicidade de ordenamentos, fazendo parecer que um sistema jurídico dependa de outros.

Já para o sujeito participante, aqui equivalente ao Estado-Juiz, o sistema assume caráter de completude, em decorrência da premissa de que nenhum pleito deixará de ser analisado por alegação de ausência de suporte normativo. Desse modo, ao juiz cabe a tarefa de promover solução ao caso concreto, mesmo entendendo não haver norma geral e abstrata que traga estreita consonância com o caso concreto. Eis a completude sistêmica.

Tomaremos em conta, para a finalidade deste trabalho, apenas o ponto de vista do sujeito participante, sobre os quais se levanta o questionamento: dada a evolução social a qual o direito acompanha, qualquer conduta encontra no sistema do direito positivo norma que a regule? Considerando a tripartição deôntica, sim. É uma completude sintática e semântica decorrente de o sistema sempre apresentar solução para as situações a ele apresentadas.

Primeiro, porque necessita oferecer uma forma de composição de conflito para todas as ocorrências sociais (aspecto semântico), e segundo, em consequência de que todas as condutas são modalizadas como obrigatórias, proibidas ou permitidas (aspecto sintático); não o sendo em nenhuma das duas primeiras hipóteses, será invariavelmente permitida, corroborando a assertiva comum de que *tudo o que não está proibido está permitido*.

Imperiosa, nesse sentido, é a lição de Lourival Vilanova:

> [...] a tripartição é mutuamente excludente e conjuntamente exaustiva. Uma mesma conduta, pois, nem tem simultaneamente os três modos deônticos, nem pode se inserir num quarto modo: o princípio da não-incompatibilidade evita o contra-sentido; o princípio de um quarto excluído impediria que a conduta se precipitasse no vácuo do juridicamente não-qualificado.[74]

---

74. *Estruturas lógicas e o sistema de direito positivo* cit., p. 201.

O direito, como visto, é um conjunto de normas prescritivas de condutas, sujeito – como linguagem que é – à análise da Semiótica em seus três planos. Sintaticamente, ressaltamos o caráter lógico desse corpo linguístico, lembrando que todas as formas que o compõem estão sujeitas a uma só estrutura: D(H → C), a previsão de uma situação interpessoal que, ocorrendo, deverá dar ensejo a uma consequência, cujo conteúdo será uma relação jurídica.

Essa estrutura, apesar de apresentar conteúdos heterogêneos, tais conteúdos invariavelmente deverão apresentar situações da realidade social, colhidas pelo legislador com o intuito de regulá-las por meio de um dos modais deônticos (O obrigatório, P permitido ou V proibido).

Vale dizer, ainda, que, mesmo afirmando o direito como sistema que se utiliza de outro sistema (o social) para atuar, sua completude semântica dependeria da determinação dessa realidade social, que sabemos não ser exaustiva.[75] Na verdade, a completude se apresenta pela estrutura da norma jurídica completa, composta por uma norma dispositiva, sendo esta previsão normativa de regulação de conduta, e a outra sancionadora, concedendo ao indivíduo a garantia de que o próprio sistema normativo irá fazer valer seus direitos e exigir dele seus deveres, mediante atividade jurisdicional.[76] Novamente, colacionamos os escritos de Lourival Vilanova:

75. Outra vez se mostra fundamental a lição do professor Vilanova: "o sistema de proposições normativas de um dado Direito positivo nunca alcança abranger a multiplicidade quantitativa e qualitativa da realidade social [...] Os conteúdos, sem os quais a conduta, como forma de interação, inexistiria, são incontáveis e mutáveis. O fluxo do acontecer histórico elimina uns e acrescenta outros, com escassa ou às vezes nenhuma margem de previsibilidade. Mal o Direito é posto para responder a um estado-de-coisas e, muitas vezes, já fica inadequado." (VILANOVA, Lourival. *Estruturas lógicas e o sistema de direito positivo* cit., p. 197).

76. Sobre as possíveis lacunas no sistema normativo: "Rejeitar as lacunas não significa admitir a possibilidade desse conjunto abrangente e exaustivo de normas jurídicas. Muito pelo contrário, significa encontrar uma equação teórica pela qual o sistema jurídico possa se apresentar completo. Em outros termos, não se cuida de investigar a possibilidade de contarmos com uma norma N para cada situação *p*. Mas, isto sim, de podermos qualificar juridicamente, como sancionada ou não-sancionada, qualquer ação

> [...] que o sistema confira competência ao juiz para criar norma individual sem relação lógica de subalternação a uma proposição normativa geral. Se o juiz julga sem lei, e mesmo contra a lei (lei em sentido amplo), inovando para atender às necessidades emergentes, explícita ou implicitamente o sistema habilitou o juiz. Assim, como, juridicamente, vale a decisão individual insuscetível de revisão, porque o sistema convalida a decisão.[77]

A proposição jurídica completa é composta por duas normas: a norma primária e a norma secundária. Sendo a norma primária aquela que vincula a ocorrência de um fato social a uma consequência normativa, que é a relação de obrigação, permissão ou proibição entre dois sujeitos de direito. Já a norma secundária é tida como o ponto característico do direito, perante os demais sistemas normativos: a coercitividade. Traz em sua previsão o descumprimento da relação prevista em uma norma primária, implicando na atuação do Estado-Juiz para fazer valer aquela relação jurídica. É de Paulo de Barros Carvalho a seguinte lição:

> [...] as regras do direito têm feição dúplice: norma primária (ou endonorma, na terminologia de Cossio), a que prescreve um dever, se e quando acontecer o fato previsto no suposto; norma secundária (ou perinorma, segundo Cossio), a que prescreve uma providência sancionatória, aplicada pelo Estado-Juiz, no caso de descumprimento da conduta estatuída na norma primária.[78]

Em virtude de a linguagem do direito positivo se apresentar como uma determinação, as proposições são unidas não por ontologia, mas prescritivamente, o que faz com que esse vínculo seja realizado por um dever-ser não modalizado. O dever-ser interproposicional é neutro. Há, entretanto, outro dever-ser na composição normativa, posto internamente na

---

p." (COELHO, Fábio Ulhoa. *Lógica Jurídica*: uma introdução. São Paulo: EDUC, 1992, p. 77-78).

77. Op. cit., p. 210.

78. *Direito tributário* – Fundamentos jurídicos da incidência. 6. ed. São Paulo: Saraiva, 2008. p. 34.

proposição jurídica, esse sim, modalizado como proibido, permitido ou obrigatório.

As fórmulas proposicionais que compõem a norma jurídica completa são: (i) a norma primária: $p \rightarrow q$; e (ii) a norma secundária: $(p \rightarrow -q) \rightarrow S$. O vínculo das duas normas é feito pelo operador disjuntor includente, que traz a previsão de as duas normas serem válidas no mesmo sistema. Em linguagem formalizada, a norma jurídica completa pode ser expressa:

$$D\{(p \rightarrow q) \vee [(p \rightarrow -q) \rightarrow S]\}$$

Explicando: deve-ser que (D) se ocorrer o evento descrito na hipótese (p), é instalada a relação jurídica entre dois sujeitos (q), ou, se ocorrer o evento (p) e não for cumprida a relação jurídica (-q), será a relação sancionatória do Estado-juiz (S).

A completude sistêmica está abalizada na melhor doutrina que já se produziu sobre o assunto. É assim o pensamento de Norberto Bobbio – como não poderia ser diferente:

> [...] a completude é uma condição necessária para aqueles ordenamentos em que valem estas duas regras: 1) o juiz é obrigado a julgar todas as controvérsias que se apresentam ao seu exame; 2) é obrigado a julgá-las com base em uma norma pertencente ao sistema.[79]

A primeira regra, como já visto, é a que confere ao Direito a condição diferenciada na exigência das condutas por ele prescritas, que ora chamamos de sindicalidade. Já no que se refere à segunda regra, especificamente no que tange à atividade tributária, temos o art. 108 do CTN;[80] com isso, o sistema

79. *Teoria do ordenamento jurídico*. 7. ed. São Paulo: Martins Fontes, 1996. p. 215.

80. "Art. 108. Na ausência de disposição expressa, a autoridade competente para aplicar a legislação tributária utilizará sucessivamente, na ordem indicada:
I – a analogia;
II – os princípios gerais de direito tributário;
III – os princípios gerais de direito público;
IV – a equidade.

jurídico pátrio nega a existência de lacunas para a regulação de condutas, regulando, inclusive, as situações que não estiverem expressamente postas em normas jurídicas.

Como oportunamente tratado, o direito positivo se apresenta como sistema único, cujos temas somente são divididos em ramos para facilitar o estudo e a busca de normas que tratem de determinada situação. O comum é que uma situação típica encontre nesse sistema as normas que lhe são diretamente ligadas num mesmo texto, ou em um conjunto de textos ligados pelo tema e pela função que exercem, exemplificando: a *tributação* tem sua previsão constitucional; em nível complementar, há o Código Tributário Nacional e especificamente contará com leis ordinárias, decretos, instruções normativas, portarias etc., que regularão o assunto pretendido de forma mais direta, mas, ainda assim, dependente de interpretação para aplicá-las.

Outra situação, menos comum, mas não menos relevante, ocorre quando um assunto, levado ao Estado-Juiz, não tem esse "aparato normativo" tão bem delineado.

Um exemplo emblemático a que podemos aludir foi o julgamento da continuidade das pesquisas com *células tronco* embrionárias.[81] É sabido que a questão não contava com previsão normativa em nível geral e abstrato, motivando os Ministros do STF a realizarem uma interpretação muito mais abrangente, sopesando valores, como o momento em que tem início a vida, a evolução científica, saúde pública, entre tantos outros textos que seriam analisados num momento anterior, pelo legislador, caso houvesse norma geral prevendo tal situação. Agiram, portanto, de forma equivalente aos legisladores. A diferença essencial entre ambos os procedimentos é

§ 1º O emprego da analogia não poderá resultar na exigência de tributo não previsto em lei.
§ 2º O emprego da equidade não poderá resultar na dispensa do pagamento de tributo devido."

81. BRASIL. Supremo Tribunal Federal. *Ação direta de inconstitucionalidade 3.510-0/DF*. Relator: Ministro Carlos Ayres Britto. Julgamento: 29 maio 2000. Órgão julgador: Tribunal Pleno. Publicação: 28 maio 2010.

o momento da valoração; no caso dos legisladores, essa valoração ocorre em momento extrajurídico e, no julgamento do processo, já faz parte do direito.

É uma questão de interpretação, que precisará atingir um nível mais profundo quando ocorrerem discussões nesse sentido, em que a intertextualidade jurídica fica patente, dada a multiplicidade de textos normativos utilizados para a construção de apenas uma norma.

Complementando esse raciocínio estão as palavras de Arthur Kaufmann:

> Não importa aqui a questão totalmente diversa de saber se o direito legal tem lacunas (o que é hoje geralmente reconhecido), trata-se antes de questão de saber com que expedientes metódicos se devem preencher essas lacunas. A universalidade da ordem jurídica significa, em compensação, que não existe um "espaço livre de direito", e que tudo o que existe e acontece subjaz a uma regulamentação jurídica [...].[82]

Isso nos faz afirmar que nossa ordem jurídica não sofre de incompletude, mas apresenta, inclusive, soluções para conflitos não expressamente previstos pelas normas.[83] É o Direito cumprindo sua função social de regular condutas, incidindo sobre a realidade social e surgindo, portanto, sempre após ela.

2.2.5 Regras dos jogos e regras do direito

Todo corpo linguístico apresenta regras de formação, manutenção, revogação e uso de seus componentes; não poderia ser diferente com o sistema do direito positivo. Tais regras se apresentam de forma diferenciada de todas as demais, tornando cada conjunto linguístico único. E, para ser possível

---

82. *Filosofia do direito*. 2. ed. Lisboa: Fundação Calouste Gulbenkian, 2007. p. 216.

83. "[...] o poder divide-se em poderes. Cada poder é uma interseção de atribuições. As competências se delimitam e as normas preenchem o espaço jurídico sem deixar lacunas. O que fazer e o que omitir acha-se normativamente predeterminado" (VILANOVA, Lourival. *O poder de julgar e a norma* cit., p. 375).

que os indivíduos *participem* do sistema, essas regras devem ser previamente estabelecidas, como afirma José Luiz Fiorin, "Sistema: é o conjunto de elementos linguísticos que possui um arranjo interno subordinado a uma série de princípios, ou seja, uma estrutura. Esta determina a organização dos elementos do sistema e suas combinações possíveis".[84]

Partindo desse raciocínio, podemos encontrar dois tipos de "jogos de linguagem", (i) o infinito, ligado à gramática do sistema, seu modo de criação e manutenção, cuja infinitude garante a constante evolução do sistema; e (ii) o finito, em que as regras são aplicadas, não criam ou modificam a gramática, mas pretendem inovar o sistema na aplicação das outras normas, as gerais e abstratas; estão inevitavelmente inseridos em jogos infinitos. O momento de estipulação das regras, em ambas as situações, tem de preceder ao início da partida, como em qualquer jogo, cujas regras não podem ser mudadas em seu transcurso, além de se fazer a exigência que tais regras sejam devidamente publicadas. No concernente ao *jogo jurídico*, os princípios da anterioridade e da irretroatividade demonstram bem essa exigência, ao impedirem que os *jogadores* sejam submetidos a regras não existentes quando a partida teve início.

Outra característica da teoria dos jogos é a exigência de, no mínimo, dois sujeitos. Como estamos tratando de sistemas sociais – suas formas de composição e manutenção –, não há como conceber tais sistemas com a presença de apenas um indivíduo. A aceitação das regras do jogo por seus participantes também é fundamental. Tem o indivíduo a opção de ingressar ou não no jogo. Nele estando inserido, todavia, não poderá rebelar-se contra o modo que lhe impõe o jogo. Esses pontos são comuns a todos os jogos (sistemas). O que diferencia uns dos outros são as regras que cada um possui. É assim o ponto de vista do grande difundidor da teoria dos jogos, Gregorio Robles Morchón: "Ainda que o direito e o jogo representem formas distintas de convivência, ambos têm em comum que

84. *Linguagem e ideologia* cit., p. 83.

são precisamente maneiras de conviver; e por isso também são dois sistemas de comunicação social".[85]

A teoria dos jogos é de grande utilidade para o conhecimento científico; a sujeição a tais regras determina em qual sistema se está inserido, é o chamado *sistema de referência*, em que se fala em nome de uma verdade. É, portanto, o contexto o definidor dos conceitos, das regras, de um sistema.

A existência de regras é que proporciona ao indivíduo participante liberdade, visto que esta será sempre assegurada pelos procedimentos jurídicos previstos no ordenamento.

Não se podem utilizar os conceitos de uma área para a decisão em outra. O que é preciso ser feito é uma análise epistemológica, com função esclarecedora e não justificativa, isso para que se possa ter acesso ao objeto, evitando, assim, o sincretismo metodológico. Podemos tomar por exemplo uma decisão do STF que pode *também* apresentar as consequências econômicas, mas de forma suplementar e não justificativa, pois tais argumentos fogem do contexto normativo.

2.2.5.1 *Conceitos no direito – formas de definição e uso de acordo com as regras do "jogo jurídico"*

> *Mude suas palavras, mude seu mundo.*
>
> Autor desconhecido

Conceito é o recorte que se faz do objeto dinâmico (que é o dado bruto), sujeito à nominação pelo termo. Trazendo à tona a linguagem de Charles Peirce, dado seria o objeto dinâmico, e conceito, o objeto imediato. Dados brutos são os acontecimentos do mundo fenomênico, que se perdem no tempo e no espaço, sobre os quais se pode produzir linguagem, uma

85. "Aunque el derecho y el juego representan formas distintas de convivencia, ambos tienen en común que son precisamente maneras del convivir; y por eso también son sistemas de comunicación social" (La justicia en los juegos. *Cadernos de Direito Tributário*. Revista de Direito Tributário, São Paulo: Malheiros, n. 103, p. 13, 2008).

significação primeira que surge na mente do intérprete, que é o conceito.

Conceito é a significação a qual se produz acerca de um significado, seu *objeto* físico ou não, representado pelo suporte físico *termo*. Se sozinhos os dados brutos significassem, não haveria a necessidade de palavras.

É dos ensinamentos de Genaro Carrió[86] que trazemos as seguintes diretivas: se os símbolos (comuns a qualquer linguagem) são resultado de convenções sociais, palavras se referem a outras palavras e nunca a um "objeto em si"; desse modo, não há como se estabelecer uma relação precisa entre termos e objetos. A linguagem que se produz acerca do conceito é chamada definição. Definição é a delimitação de um conceito, pela enumeração de suas características.

Em posicionamento divergente do aqui adotado, Eros Grau[87] entende haver sempre referência objetiva entre os conceitos e uma realidade (física ou não), daí não admitir a existência de conceitos indeterminados, mas tão somente de definições indeterminadas. Afirma o jurista:

> [...] é certo, pois, que, ainda que ambíguas e imprecisas, as palavras e expressões jurídicas expressam significações sempre determináveis [...] os conceitos jurídicos não são referidos a *objetos*, mas, sim, a *significações*. Não são conceitos *essencialistas* (grifos do autor).

Todo conceito, jurídico ou não, é determinável, mas não determinado ou indeterminado. O critério de discriminação entre os conceitos determinados e indeterminados é dado pela quantidade e pela precisão dos elementos que o identificam. Sempre haverá elementos que se enquadrem perfeitamente no conceito, e elementos que estejam de pronto fora do campo de abrangência do conceito – equivalente ao que

86. *Notas sobre derecho y lenguaje*. 4. ed. Buenos Aires: Abeledo-Perrot, 1990. p. 91 e ss.

87. *Ensaio e discurso sobre a interpretação/aplicação do direito*. 4. ed. São Paulo: Malheiros, 2006. p. 228 e ss.

se dá com a vaguidade. O que irá diferenciá-los é a chamada "zona cinzenta", que é o campo da dúvida, em que não se pode precisar se os elementos que ali se encontram estão ou não abrangidos pelo conceito. Melhor dizendo, se possuem os critérios daquele conceito.

Genaro Carrió equipara os elementos que seguem na dúvida de pertencerem ou não ao conceito de casos marginais e afirma:

> [...] ninguém pode negar que estas fórmulas verbais são claramente aplicáveis a alguns supostos fatos, claramente inaplicáveis a outros, e duvidosamente aplicáveis a casos atípicos, anômalos ou marginais. Não podemos concluir pela falsa segurança de que os tecnicismos da linguagem jurídica podem eliminar esta última categoria de casos.[88]

Essa indeterminação dos conceitos jurídicos é ponto pacífico entre a mais larga doutrina. Daniel Mendonca também é claro ao afirmar que "aceitar que toda expressão linguística possui sempre uma zona de incerteza, não implica conceder que nunca possui uma zona de certeza".[89] Negar a existência de uma zona de certeza implicaria uma linguagem sem regras, nem limites, cujos utentes não conseguiriam manter um mínimo de comunicação.

A zona de certeza, entretanto – que alguns chamam de conteúdo mínimo –, sempre dependerá de um contexto para ser estabelecida, de uma interpretação. Não há como admitir que as palavras "venham" com conteúdos mínimos, que derivem ontologicamente de algo, já que partimos do pressuposto de que o conteúdo não está no texto, que o texto não possui

88. "Nadie puede negar en estas fórmulas verbales son claramente aplicables a algunos supuestos de hecho, claramente inaplicables a otros, y dudosamente aplicables a casos atípicos, anómalos o marginales. No podemos encerrarnos en la falsa seguridad de que los tecnicismos del lenguaje jurídico pueden eliminar esta última categoría de casos" (*Notas sobre derecho y lenguaje* cit., p. 54).

89. "[...] aceptar que toda expresión lingüística posee siempre una zona de incertidumbre, no implica conceder que nunca pose una zona de certeza" (*Interpretación y aplicación del derecho*. Almería: Universidad de Almería, 1997. p. 31).

significado, mas este é atribuído pelo intérprete ao travar contato com esse texto.

Da obra de Arthur Kaufmann ainda podemos retirar outras lições no que tange aos conceitos jurídicos, em decorrência de o autor os classificar em duas espécies: próprios e impróprios. Por conceitos próprios, têm-se os fundamentais, que não derivam de outros sistemas e que são construídos originalmente pelo ordenamento jurídico, cujo conhecimento é indispensável para manuseio das categorias normativas. Já os impróprios são aqueles importados de outras realidades, representando a maioria esmagadora dos conceitos jurídicos, visto que, como já afirmado neste trabalho: é o sistema jurídico incidente sobre a realidade social, tomando essas condutas como sua referência, ponto esse esclarecido pelo autor: "certamente que os conceitos que aqui temos em vista derivam da realidade – é precisamente porque são retirados da realidade, e não produzidos pelo próprio direito, que se chamam conceitos jurídicos 'impróprios'."[90]

Quanto aos conceitos impróprios, nessa classificação, temos que no momento de sua importação, ou tradução, há total liberdade do legislador em fazê-lo da maneira que melhor lhe aprouver, e assim estará criando a realidade jurídica. Tal assertiva tem guarida na melhor doutrina, como veremos:

José Luiz Fiorin afirma que

> [...] as categorias perderam qualquer relação com as causas que lhes deram origem e ganharam autonomia. A história do sistema passa a ser uma história relativamente autônoma em relação às formações sociais em que ele está presente. Passa ela a ser uma história do próprio sistema.[91]

Misabel Abreu Machado Derzi, no mesmo sentido, é enfática:

> Embora os fatores externos do ambiente sejam básicos para o sistema, que cognitiva e semanticamente para eles abre-se, apenas por meio da seleção, acopladores estruturais e operacionais, pode

---

90. *Filosofia do direito* cit., p. 143

91. *Linguagem e ideologia* cit., p. 15.

> o sistema convertê-los em dados próprios, geralmente adaptados e mesmo deformados e, a partir daí, atuar em processo contínuo.[92]

O direito trabalha, desse modo, com ficções[93] e presunções,[94] e, a partir delas, a própria linguagem cria limites para as definições de seus conceitos. Exemplo disso é a situação de "avião" ser considerado bem imóvel; o que para um leigo (jurídico) seria um descompasso conceber, para o jurista é facilmente aceitável, visto se tratar de uma limitação da definição do conceito jurídico, uma ficção. Esse é o posicionamento de Alfredo Augusto Becker, para quem,

> Na elaboração da regra jurídica, o legislador poderá, com referência ao "dado" (matéria-prima ou diretriz fornecida pelas ciências pré-jurídicas): a) deformá-lo; b) contrariá-lo; c) e, mesmo que na aparência não tenha havido deformação (quando parece consagrar integralmente ou "canonizar" a diretriz oferecida pela Ciência pré-jurídica), ainda, nesta hipótese, há sempre maior ou menor deformação naquela diretriz.[95]

---

92. *Modificações da jurisprudência no direito tributário* cit., p. 44.

93. Ficções jurídicas "não se refere a fatos de possível ocorrência, sendo simplesmente desconsiderações entre a linguagem normativa e a realidade, de forma a obter certos resultados que não seriam possíveis de outra forma. Por exemplo, a ficção jurídica existente no direito brasileiro, pela qual as embarcações são consideradas como "bens imóveis", de modo que certos efeitos jurídicos sejam atribuídos a essa qualificação (garantia real da hipoteca)" (CARVALHO, Cristiano. Presunções e ficções na imposição de sanções tributárias. In: SOUZA, Priscila de (Coord.). *Derivação e positivação no direito tributário*. São Paulo: Noeses, 2011. p. 320).

94. Em trabalho dedicado exclusivamente ao tema, Maria Rita Ferragut define presunção sobre três enfoques: "como *proposição prescritiva*, presunção é norma jurídica deonticamente incompleta (norma *lato sensu*), de natureza probatória que, a partir da comprovação do fato diretamente provado (fato indiciário, fato diretamente conhecido, fato implicante), implica juridicamente o fato indiretamente provado (fato indiciado, fato indiretamente conhecido, fato implicado).
Constitui-se, com isso, numa *relação*, vínculo jurídico que se estabelece entre o fato indiciário e o aplicador da norma, conferindo-lhe o dever e o direito de construir indiretamente um fato.
Já como *fato*, presunção é o consequente da proposição (conteúdo do consequente do enunciado prescritivo), que relata um evento de ocorrência fenomênica provável e passível de ser refutado mediante apresentação de provas contrárias. É prova indireta, detentora de referência objetiva, localizada em tempo histórico e espaço social definidos" (*Presunções no direito tributário*. 2. ed. São Paulo: Quartier Latin, 2005. p. 113).

95. *Teoria geral do direito tributário* cit., p. 83.

Na atividade de inovar o sistema jurídico, é lícito ao legislador manter o sentido dos termos, como socialmente utilizado, ou mesmo ignorá-lo, estipulando novo alcance em seu uso jurídico. Por esse motivo se faz uma analogia entre o legislador e o poeta, pois, ao criar normas, mais que simplesmente *traduzir* a linguagem social, o legislador *cria* nova língua.

A nova língua, do direito positivo, aproveita muitos dos conceitos colhidos da linguagem social, conferidos pelas regras de uso da comunidade participante do sistema. Pode ocorrer também, como visto, o abandono daqueles conteúdos de significação, para determinação de outros, o que é legítimo na linguagem prescritiva, desde que o novo sentido seja expressamente atribuído ao conceito.[96]

A situação que se mostra relevante é a de que cabe exclusivamente ao legislador a incorporação de situações ao sistema jurídico, como bem assevera Lourival Vilanova: "no direito comum [...], a conduta uniforme e reiterada não se converte em jurídica sem passar pela mão do juiz. O direito costumeiro implica na participação do juiz na produção espontânea das pautas da conduta".[97]

Não bastasse o uso de alguns conceitos pelo sistema jurídico de forma diferente dos outros sistemas, dentro do próprio ordenamento essa diversidade é muito comum. Isso porque, do mesmo modo como o direito recorta da realidade social apenas os aspectos que são relevantes para a incidência normativa, aos diversos ramos do direito essa relevância, ou seja, esse recorte, também pode ser diferente de uma norma para outra. O conceito vai variar, desse modo, de acordo com a realidade jurídica em que estiver inserido. É como exemplifica Arthur Kaufmann:

---

96. Cf. Luis Alberto Warat: "As definições abstratas dos estereótipos têm como inconveniente a esclerose de certos juízos valorativos como eternos e imutáveis. Desta forma, *intenta-se a perpetuação da ordem existente*. Portanto, a análise das cargas valorativas dos termos constitui um elemento indispensável para a detectação das justificações e legitimações travestidas de explicações, quando se procura efetuar leituras ideológicas dos discursos jurídicos" (*O direito e sua linguagem* cit., p. 71).

97. Proteção jurisdicional dos direitos numa sociedade em desenvolvimento cit., p. 483.

> O conceito de "documento", no sentido do crime de falsificação de documentos, é essencialmente diverso, do conceito de documento na perspectiva processual da prova documental. É precisamente como diria Wittgenstein: o significado dum conceito jurídico depende da relação jurídica da qual ele é usado. Não é pois exato falar, neste contexto, de "conceitos jurídicos relativos". Correta será antes a palavra "relacional", pois o significado do conceito jurídico é, como foi dito, determinado através da relação em que surge.[98]

Afirmando-se, novamente, ser o direito *uno* e *indecomponível*, separado em ramos exclusivamente para fins didáticos, tem-se que a análise das normas jurídicas não pode ser feita à parte dessa realidade. Para a compreensão do mandamento normativo, imperativo que esse estudo seja feito tomando em conta todo o sistema.

98. *Filosofia do direito* cit., p. 145.

3. INTERTEXTUALIDADE E INTERPRETAÇÃO

3.1 Interpretação do direito

Travando contato com a literalidade textual do direito, o intérprete inicia o processo de interpretação da mensagem legislada. Neste sentido é a definição de Paulo de Barros Carvalho: "interpretar é atribuir valores aos símbolos, isto é, adjudicar-lhes significações e, por meio dessas, referências a objetos".[99]

Ao Constructivismo Lógico-Semântico é reputada a inovação dos pressupostos científicos, pelos quais se pode afirmar que o sentido dos textos não é proporcionado pelo seu suporte físico, mas pelo indivíduo ao analisá-lo, trazendo consigo suas experiências, realizando, desse modo, uma interpretação que inicia já carregada de valoração.

Os conceitos, portanto, estão no intérprete e não no texto. Assim, o observador vai construir o suporte fáctico, levando em conta suas vivências, seu repertório, e o resultado desse processo interpretativo, por ser complexo, vai variar em virtude do observador. Disso implica concluir que o sentido está no intérprete e não no texto.

Não há forma sem conteúdo, sem o signo não se chega ao objeto. Essa experiência colateral, processo do qual o

99. *Direito tributário* – Linguagem e método cit., p. 185.

repertório é seu produto, proporciona ao observador conhecimentos que facilitam a compreensão dos objetos, e é formada pelas vivências da mente interpretadora; quanto mais vivências, maior a experiência colateral e maior o repertório do observador. A mente interpretante irá criar a representação do signo, portanto sua experiência colateral se mostra fundamental para o intérprete do signo. Temos uma visão antropocêntrica de mundo: onde tudo é criado pelo observador. Cada um pode apenas representar aquilo que conhece, e o conhecimento se dá com o repertório individual. A experiência colateral faz parte do contexto: é o modo como o intérprete traça suas pré-impressões acerca do objeto, ou seja, o modo como se aproxima do objeto que pretende analisar. Sem experiência colateral não há como se conceber o conhecimento, já que ela é responsável por uma série de associações feitas pelo intérprete, objetivando conhecer e interpretar o objeto.

O contexto normativo é ainda formado por outros elementos que extrapolam o parâmetro meramente individual e é formado pelas associações próprias do momento histórico-social do qual o sistema normativo faz parte. Nesta esteira é o pensamento de Misabel Abreu Machado Derzi:

> O intérprete, em que pesem todas as pretensões à objetividade, não pode abolir o seu pertencer ao mundo, de modo que sempre se dá uma tensão entre o sentido original do texto e o atual. O aqui e agora ou a historicidade do direito, através do caso, do problema proposto, atua continuamente no sentido da norma, no evoluir jurídico do texto.[100]

Pautado em concepção diversa, em virtude de entender que a linguagem não é responsável pela criação de toda a realidade, mas apresentando conclusões em acordo com o presente trabalho, Tárek Moysés Moussallem é pontual ao tratar dos limites da interpretação dos textos do direito positivo:

---

100. *Modificações da jurisprudência no direito tributário* cit., p. 93-94.

> Se tudo é "interpretação" de que valem a Constituição Federal, a hierarquia das normas, as fontes do direito e as palavras da lei? Nesse momento, cabe distinguir duas entre as inúmeras acepções possíveis da palavra "interpretar": (a) "interpretar" como ato de fala expedido pelo sujeito cognoscente e (b) interpretar como ato de fala emanado pela autoridade competente. Disso decorrem diferenças fundamentais e inconfundíveis não constatáveis quando se adere à máxima do "tudo é interpretação"; pois proposições da Ciência do Direito são atiradas a esmo para dentro do direito positivo sem a via da recepção (ou seja, sem norma que a receba) a criar verdadeiro labirinto de sentidos.[101]

Como vimos, ao direito cabe construir seus conceitos. Não é correto dizer, entretanto, que, em determinadas circunstâncias, há desacato aos conceitos de outros sistemas; a atividade construtiva do direito consiste em recortar a realidade sob o aspecto que lhe importa, atribuindo a esse recorte valores inerentes à própria atividade jurídica.

O ato de interpretar consiste em atualizar os textos normativos, considerando o texto como realidade material (*stricto sensu*) e seu contexto, transformando-os em normas. As normas, portanto, não estão no texto, são sua significação, resultado da interpretação dos suportes normativos, como afirma Hans Kelsen:

> Se por "interpretação" se entende a fixação por via cognoscitiva do sentido do objeto a interpretar, o resultado de uma interpretação jurídica somente pode ser a fixação da moldura que representa o Direito a interpretar e, consequentemente, o conhecimento das várias possibilidades que dentro desta moldura existem. Sendo assim, a interpretação de uma lei não deve necessariamente conduzir a uma única solução como sendo a única correta, mas possivelmente a várias soluções que – na medida em que apenas sejam aferidas pela lei a aplicar – tem igual valor, se bem que apenas uma delas se torne Direito positivo no ato do órgão aplicador do Direito – no ato do tribunal, especialmente.[102]

---

101. *Interpretação restritiva no direito tributário* cit., p. 1213.

102. *Teoria pura do direito* cit., p. 366.

Acerca dessa afirmação, importante salientar dois aspectos: (i) as normas abstratas recaem sobre um *sem-número* de situações possíveis, não se limitando a uma quantidade determinada de ocorrências que, apesar de apresentarem características comuns, são exclusivas, não podendo ser repetidas; e (ii) cabe ao aplicador precisar o sentido das proposições normativas, limitada essa atividade em virtude do próprio contexto jurídico, imposto pelo direito positivo.

Ao considerar que o sentido não está no texto, ampliamos os limites da linguagem, levando em conta que, antes do advento do Constructivismo Lógico-Semântico, era tida apenas como suporte físico. Assim, a linguagem nunca se reduzirá ao físico, ao material e, em razão disso, sempre haverá o que se falar de determinado assunto, inesgotável por sua essência.

Paulo de Barros Carvalho,[103] em célebre estudo, apresenta os princípios que devem reger a interpretação, reafirmando as premissas aqui estabelecidas, são eles (i) a intertextualidade e (ii) a inesgotabilidade. O primeiro, que será analisado mais detidamente no capítulo 4, atuando como informador, pelo diálogo estabelecido entre o texto que se está produzindo, produto da interpretação, e os demais, já produzidos; e o segundo, em virtude da infinitude das interpretações, não restritas a uma semântica imposta.

Tais princípios não implicam ausência de limites para o processo interpretativo; pelo contrário, a interpretação sempre terá por pressuposto o texto, e seu limite será dado pelo sistema em nome do qual atua, seu contexto.

Daí a afirmação de que toda atribuição de sentido decorre de uma nova interpretação, baseada num contexto e nas vivências do seu emissor, aspectos sempre variantes de acordo com aquele que realiza a interpretação.

A inesgotabilidade está presente em virtude de a interpretação não estar vinculada exclusivamente aos textos normativos, mas há o contexto em que sempre deve se basear. Há,

103. *Direito tributário* – Linguagem e método cit., p. 415 e ss.

ainda, as convicções do intérprete, que influenciam o resultado da interpretação e que podem variar a cada nova interpretação.

Toda interpretação, porém, deve ser plausível. Não está restrita exclusivamente ao enunciado normativo, mas por ele é dirigida. O consenso, portanto, é necessário, sob pena de se tornar impossível a comunicação.

A intertextualidade, por sua vez, apresenta-se como relação existente entre texto e contexto, sendo que o contexto é limitador do sentido do texto, o influencia diretamente na atribuição de sentido aos termos que o compõem. E esse contexto também será esculpido pela sociedade em que o sujeito estiver inserido, isso porque, ao tratarmos de linguagem – única forma de comunicação –, dissemos ser a fala um ato individual, mas tratamos a linguagem como patrimônio de uma sociedade. Isso porque, para que se comuniquem, os indivíduos deverão atribuir, ainda que minimamente, mesmo sentido e alcance dos termos dessa linguagem; é o chamado consenso.

3.1.1 Percurso gerador de sentido

Como visto, para construir o sentido e o alcance dos textos jurídicos positivados, faz-se imprescindível interpretá-los. A interpretação nada mais é que uma construção de sentido que o intérprete faz a partir do suporte fáctico, e não se trata de uma extração de conteúdo, mas de uma inovação feita pelo sujeito cognoscente. Seguindo a proposta interpretativa de Paulo de Barros Carvalho, que realiza esse processo partindo de uma decomposição do sistema do direito positivo em quatro subsistemas (S1 ao S4, analisados no item 4.2, *infra*), aprofundando o conhecimento à medida que a interpretação evolui, estes seriam os critérios objetivos da interpretação e tendo como elementos subjetivos os horizontes culturais do indivíduo, a que aludimos em momento anterior, como sendo suas experiências.[104]

---

104. *Direito tributário* – fundamentos jurídicos da incidência cit., p. 66 e ss.

Devemos, para tanto, considerar o processo interpretativo nos quatro planos que compõem os textos do direito: (S1) plano da literalidade, (S2) plano das significações das palavras nos textos normativos, (S3) na organização desses sentidos na estrutura normativa (de hipótese e consequente) e (S4) na organização dessas estruturas nas suas relações de subordinação e coordenação.

Explicando melhor o caminho percorrido no processo interpretativo, no plano da expressão (S1), encontram-se os enunciados prescritivos do ordenamento jurídico, suporte físico da linguagem do direito positivo, apresentado pelos textos de lei postos pelos legisladores, formado pelos veículos introdutores de normas (enunciação-enunciada) e pelos respectivos enunciados-enunciados.

Atingido o (S2), tomado aqui como conjunto dos conteúdos de significação dos enunciados prescritivos, se forma pela construção mental que o intérprete do direito faz do suporte físico, atribuindo sentido às proposições normativas, utilizadas nesse contexto como frases completas, com sentido.

Avançando nesse trajeto, alcançamos o domínio das significações normativas (S3), que é obtido pela articulação das significações do plano (S2), na estrutura normativa implicacional, própria do direito positivo, chamada norma jurídica, agregando as proposições na forma $D(H \rightarrow C)$.

E, chegando ao último tópico da interpretação normativa, a preocupação do intérprete é com a "superestrutura", chamada sistema, em que as normas formadas no plano das significações normativas são submetidas a relações de coordenação e subordinação (S4).

Nesse sentido, bem pontua Alaôr Caffé Alves:

> O relacionamento determina a verdade de cada ente, visto que nenhum ente é ou existe por sim mesmo; o ente é e está sempre dependente de outro. Sua objetividade não se encontra nele mesmo e sim nas relações dinâmicas que mantém sistemicamente com outros entes do universo. Se tivéssemos que

> compreendê-lo integralmente, teríamos que compreender todo o universo; como isso é impossível, há sempre espaço para a subjetividade, para o ponto de vista. [105]

Para Tathiane dos Santos Piscitelli, "a interpretação dos textos jurídicos não ocorre no vácuo, mas sim limitada, inicialmente, por constrangimentos próprios da linguagem, a que chamaremos de 'regras de uso' das respectivas expressões."[106]

Essas regras não são impostas por critérios prefixados, mas dependem dos contextos em que estão inseridos os textos, visto ser o consenso delimitador do contexto, e em virtude de as decisões (re)contextualizarem as normas jurídicas.

Vale aqui a reafirmação de que o Direito é linguagem, sendo a *língua* seu código, que, no caso do ordenamento jurídico, são os enunciados normativos, acrescido e atualizado pela *fala,* cuja referência jurídica pode ser tida como as decisões judiciais. A fala atualiza a língua, e esta não existe sem aquela.

De modo que fica patente a inesgotabilidade da interpretação, derivada da atividade de atribuição de sentido aos textos, num caminho que percorre toda a estrutura interna do texto em sentido estrito e da forma como se comunica com os demais textos presentes no sistema, num processo infinito de intertextualidade.

3.2 Processo de interpretação e definição de conceitos

> *Palavras são uma coisa no lugar de outra.*
>
> Vilém Flusser[107]

---

105. *Dialética e direito* – Linguagem, sentido e realidade. Barueri: Manole, 2010. p. 4.

106. Os conceitos de direito privado como limites à interpretação de normas tributárias: análise a partir dos conceitos de faturamento e receita. In: SOUZA, Priscila de (Coord.). *Direito tributário e os conceitos de direito privado.* São Paulo: Noeses, 2010. p. 1231.

107. FLUSSER, Vilém. *Língua e realidade.* 3.ed. São Paulo: AnnaBlume, 2007. p. 17.

Definir é produto de processo interpretativo, tendo por objeto um conceito para determinar seus critérios de uso, suas características, para que se possa inseri-lo em um processo comunicacional. É a demarcação de um objeto pela enumeração de suas características que o torna diferente dos demais, feita por meio de linguagem, ou seja, a delimitação da ideia a ponto de isolá-la de todas as demais.

Para Tárek Moysés Moussallem, definição é

> [...] operação lógica entre dois conceitos, que consiste em indicar, por meio da linguagem, as características (essenciais) ou definitórias que devem reunir a linguagem do objeto – *definiens* –, para que o termo definido (outro conceito) – *definiendum* – lhe seja aplicável.[108]

Florence Cronemberger Haret, ao abordar o tema, também o faz de forma clara:

> [...] definir é algo que não tem limites. Não há início nem fim. Sempre podemos redefinir aquilo que foi anteriormente definido. Cabe ao intérprete falar sobre o símbolo definido ou dizer aquilo a que se refere, e, assim o fazendo, já o define segundo seu ponto de vista. As definições, portanto, são sempre linguagem, simbólica por excelência, pois somente os símbolos são alcançáveis por elas, que por sua vez, buscam explicar a realidade que representam. O objeto em si mesmo nunca será definido, mas o significado estará na representação simbólica que temos daquela mesma coisa.[109]

Sendo a definição um processo linguístico, não terá ela o atributo de atingir todos os aspectos do objeto foco de suas atenções, pois, como visto, todo conhecimento será sempre parcial.

Na linguagem jurídica, os limites para o estabelecimento de definições são criados pelo próprio direito, como bem assevera Tercio Sampaio Ferraz Junior:

---

108. *Fontes do direito tributário* cit., p. 39.

109. *Presunções no direito tributário* cit., p. 9.

> A definição jurídica oscila entre o aspecto onomasiológico da palavra (o uso corrente da palavra para a designação do fato) e o aspecto semasiológico (a sua significação normativa). Os dois aspectos podem coincidir, embora nem sempre isso ocorra. Nesses termos, o legislador usa vocábulos que tira da linguagem quotidiana, mas, frequentemente, lhes dá um sentido técnico que precisa ser elucidado. Tal sentido não é arbitrário, mas está ligado, de um modo, ao sentido usual, sendo por isso, entre outras razões, passível de dúvida.[110]

Caso o legislador queira conferir um *sentido técnico* aos vocábulos, que difira do usual, deverá precisar esse sentido, sob pena de se atribuir o mesmo sentido do já adotado no contexto social.

Apesar de o direito positivo apresentar-se numa linguagem prescritiva de condutas, realiza, muitas vezes, definições. Não definições como as que se retiram do texto descritivo, mas definições estipulativas,[111] que determinam o sentido e o alcance de seus conceitos.

Retirando novamente lições do ilustre jurista Eros Grau, temos que

> [...] porque esses termos são colhidos na linguagem natural, que é virtualmente ambígua e imprecisa, inúmeras vezes textos normativos operam a enunciação estipulativa de conceitos, ou seja, *definem* os seus respectivos termos. O que se tem referido por "conceito estipulativo ou legal" corresponde, em regra, a uma *definição*, que o texto normativo contempla visando a superar a ambiguidade ou imprecisão do termo de certo conceito.[112]

---

110. *Função social da dogmática jurídica*. São Paulo: Revista dos Tribunais, 1980. p. 150.

111. Eros Roberto Grau: os conceitos jurídicos "não têm como objeto uma coisa, porém significações. É que os conceitos jurídicos não são referidos a objetos, mas sim a significações. Não são conceitos essencialistas" (Conceitos indeterminados. *Anais* do I Congresso Internacional de Direito Tributário. "Justiça Tributária: direitos do fisco e garantias dos contribuintes nos atos da administração e no processo tributário", Vitória-ES, 12-15 ago. 1998. São Paulo: Max Limonad, 1998. p. 120).

112. *Ensaio e discurso sobre a interpretação/aplicação do direito* cit., p. 237.

Nesse ponto, o que mais gera impasses é o fato da presença, em um mesmo sistema normativo, de definições estipulativas com sentidos diversos.

No entendimento de Kelsen, essa estipulação somente poderá ser feita por quem tenha competência outorgada para tanto, ou seja, quando a interpretação ou a determinação for realizada por um intérprete autêntico, por aqueles que têm o poder de atribuir sentido aos textos do direito positivo, vinculando sujeitos.

Desse modo, no direito, o estabelecimento das definições é posto por um ato de autoridade, visto haver nele (direito) a previsão de quem é competente para decidir sobre o conceito e a aplicação das definições jurídicas.

A interpretação realizada pelo sujeito competente tem força prescritiva; é, como dito, definição estipulativa, pois ele a produz buscando vincular as condutas, prescrevendo aquela interpretação como integrante do ordenamento jurídico, e pelos intérpretes tem o condão de descrever a conduta adequada, faltando-lhes, todavia, o atributo da competência para positivar tal interpretação.

Dois são os modos de definição estipulativa no direito: conotativo e denotativo. A definição conotativa se dá pela exposição de características que um termo deverá possuir, para ser encaixado em determinada classe. Mesmo sem apontar para os elementos que preencham os requisitos da classe, será possível identificá-los. A definição conotativa é rica em extensão. Pela conotação, há como determinar a existência de sinônimos, sempre que uma classificação puder ser atribuída a mais de um termo, formando classes idênticas de elementos.

Dentro do sistema jurídico, podem se apresentar como conotativas, quando determinam as qualidades que um conceito pode comportar, como é o caso do art. 3º do CTN, ao determinar as características que um instituto precisa apresentar, para ser qualificado como tributo: (i) prestação compulsória; (ii) paga em dinheiro ou substituída por meio em que se possa atribuir valor; (iii) decorrente de ato lícito; (iv) instituído por lei; (iv) cobrado por atividade administrativa plenamente vinculada.

Por definição denotativa, tem-se a enumeração dos elementos pertencentes a tal classe, é uma definição mais restritiva, que ganha em especificidade. No direito, o exemplo é o das listas taxativas.

A outra possibilidade de definição na esfera jurídica é aquela em que o legislador optou por indicar quais elementos podem ser caracterizados como o instituto jurídico criado, do art. 145 da CF, ao prescrever quais são os tributos que os entes políticos poderão criar, enumerando (i) os impostos; (ii) as taxas em função do exercício do poder de polícia ou de serviços públicos específicos e divisíveis; e (iii) as contribuições de melhoria.

Denotação e conotação são perspectivas do signo.

Ambos os exemplos demonstram que ao direito positivo também é permitido fazer definições, não afastando seu caráter prescritivo, tampouco afastando a presença das demais funções da linguagem[113] nos seus textos, mas, apenas, dizê-la

113. Colacionamos aqui trechos da obra de Paulo de Barros Carvalho, ao tratar das principais funções linguísticas presentes no discurso normativo: "A correspondência entre forma e função não acontece como relação necessária, de tal sorte que as estruturas gramaticais oferecem apenas precários indícios a respeito da função. Irving Copi: isso compele o intérprete a sair da significação de base (que toda palavra tem) em busca da amplitude do discurso, onde encontrará a significação contextual, determinada por uma série de fatores, entre eles e, principalmente, pelos propósitos do emissor da mensagem [...] toda e qualquer manifestação linguística, desde as mais simples às mais complicadas, raramente encerram uma única função, aparecendo como espécies quimicamente puras, no dizer de Copi... Adota, portanto, o *animus* que move o emissor da mensagem (critério pragmático), sem desprezar as particularidades sintáticas que as linguagens ostentam (critério sintático ou lógico). Tal caminho nos permitirá ir além das funções assinaladas por Jakobson, ao associá-las a cada um dos fatores que constituem o processo de comunicação.
c) Linguagem prescritiva de condutas: presta-se à expedição de ordens, de comandos, de prescrições dirigidas ao comportamento das pessoas. Seu campo é vasto, abrangendo as intersubjetivas e as intrassubjetivas [...] As ordens não são verdadeiras ou falsas, mas sim válidas ou não válidas [...] e sua sintaxe é estudada pela chamada Lógica Deôntica [...] Em lógica, o vocábulo proposição significa a expressão verbal de um juízo [...] proposição, contudo, serve para denominar qualquer

predominante em relação às demais. O intérprete autêntico do direito constrói o sentido dos textos normativos. E, em virtude dessa diversidade, pode-se afirmar sobre: (i) a possibilidade de convivência da linguagem prescritiva de condutas

---

espécie de juízo, seja ele declarativo, interrogativo, imperativo ou exclamativo [...] a linguagem prescritiva se projeta sobre a região material da conduta humana. Mais ainda, que seu vetor semântico atinge única e exclusivamente os fatos e as condutas possíveis.

e) Linguagem operativa ou performativa é o discurso em que os modos de significar são usados para concretizar alguma ação [...] Tais palavras constituem o ato em si, não sendo emitidas com o escopo imediato de informar [...] são as chamadas 'elocuções de desempenho'. Tais locuções empregam os verbos que ele chama de atuantes, entre eles: aceitar, aconselhar, desculpar-se, batizar, parabenizar, prometer e sugerir.

f) Linguagem fáctica [...] introdutória da comunicação, bem como todos os recursos linguísticos empregados para manter o contato comunicacional já estabelecido [...] Exercendo papel eminentemente introdutório, mantenedor ou terminativo da comunicação, sendo que as orações interrogativas que a integram não visam à obtenção de respostas, a não ser de gradações ínfimas.

g) Linguagem propriamente persuasiva [...] tem o intento imediato de convencer, persuadir, induzir, instigar [...] A presença do *animus* persuasivo, aliás, pode ser registrada em todas as funções que a linguagem desempenha, em diferentes níveis de intensidade, circunstância que nos permite identificar uma espécie em que a persuasão exerce papel dominante: eis a linguagem a que nominamos de 'propriamente persuasiva'. É a linguagem que ocorre quando existirem interesses conflitivos ou em situações em que alguém postula algo, reivindicando a justiça, a razoabilidade ou a conveniência daquilo que é solicitado... É o chamado discurso judicial: seu objetivo não é decidir senão convencer e a retórica jurídica é o esquema metódico de que se serve. O caráter retórico é indissociável à linguagem persuasiva [...] A lógica da linguagem persuasiva ou da linguagem que prepara a decisão é a lógica da argumentação, isto é, uma lógica da interpretação para decidir ou lógica dialógica orientada para a decisão [...] A estrutura sintática da linguagem jurídica, num processo de decisão judicial ou administrativa, subordina-se a valores lógicos outros que não os do discurso descritivo ou prescritivo ou ainda o da linguagem das perguntas. Os sujeitos participantes desenvolvem seus esforços no sentido de obter um fim determinado: o convencimento do juiz ou da autoridade competente para decidir.

i) linguagem fabuladora: é a que apresenta ficções ou hipóteses... textos considerados fantasiosos ou fictícios, como as fábulas, os contos infantis, as novelas os filmes cinematográficos, os mitos, as anedotas e, especialmente para o nosso interesse, as ficções jurídicas, bem como as hipóteses com que trabalham os cientistas. Descabe cogitar-se do teor de verdade, mesmo na contingência de serem coincidentes com a realidade, isso não lhes dá preeminência no sistema contextual [...] os enunciados da linguagem fabuladora são susceptíveis de apreciação segundo os critérios de verdade/falsidade, entretanto, a verificação não importa para os fins da mensagem [...] O direito, na prescritividade de sua linguagem, aproveita-se frequentemente das ficções. Como seu vector semântico está preparado para incidir na realidade social e não para com ela coincidir, sempre que o legislador das normas gerais e abstratas estiver premido a esquematizar fatos e qualificar objetos, em desacordo com a índole em que normalmente são tomados, emprega o recurso fabulador" (*Direito tributário* – Linguagem e método cit., p. 37-53).

com a linguagem fabuladora das ficções e presunções normativas, (ii) a presença de contradições, chamada de antinomia, nas relações estabelecidas entre as normas de um mesmo ordenamento, visto que a linguagem prescritiva é capaz de conviver com essa situação, por preservar os valores de validade/invalidade, mas não verdade/falsidade.

Na ocorrência de duas ou mais definições possíveis, de conceitos presentes no ordenamento sem, no entanto, a instituição por norma jurídica, mas com uma delas já utilizada pela aplicação das demais normas, será esse e não qualquer outro o conteúdo semântico que se terá como atingido pelo referido conceito. É a demonstração da escolha feita pelo ordenamento. Daí afirmarmos que a contradição na definição de conceitos presentes no universo do sistema jurídico não é problema que *invalide* o conteúdo dessas normas, mas uma necessidade acaso se busque pela modificação dessa abrangência semântica.

4. INTERTEXTUALIDADE: CONCEITO, DEFINIÇÃO E APLICAÇÃO

4.1 Definindo intertextualidade

Intertextualidade é conceito de origem na linguística, cuja adaptação é promovida nos mais diversos sistemas comunicacionais, como é o caso do direito.

Nesse campo do conhecimento científico (o da Linguística), alguns conceitos, tidos como *chaves* da comunicação, ora são considerados equivalentes, ora independentes, como é o caso especificamente de *enunciado*, *discurso* e *texto*, sobre os quais mostra-se necessário definir o modo como serão utilizados, para a manutenção da rigorosidade do desenvolvimento do presente trabalho.

Enunciado é tido como o significado atribuído ao texto, que é a forma, a materialização do enunciado em uso, e esse uso dos enunciados é o próprio *discurso*.

Com isso, podemos afirmar que cada um desses conceitos equivale aos planos semióticos da comunicação: (i) o sintático, expressado pelos textos, representando a forma como se apresentam; (ii) o semântico, próprio das atribuições de significado, equivalentes aos enunciados; e (iii) o pragmático, do discurso, que, ao utilizar-se dos termos anteriores, viabiliza a própria comunicação.

Na linguagem de Bakhtin, a intertextualidade equivale a uma superação de fronteiras entre os textos; a presença de várias vozes num mesmo texto. Sendo que sua definição, de acordo com o *Dicionário Houaiss*,[114] é:

> 1 Superposição de um texto literário a outro 2 *influência de um texto sobre outro que o toma como modelo ou ponto de partida, e que gera a atualização do texto citado* <Mensagem, de Fernando Pessoa, apresenta i. com a épica camoniana> 3 utilização de uma multiplicidade de textos ou de partes de textos preexistentes de um ou mais autores, de que resulta a elaboração de um novo texto literário 4 em determinado texto de um autor, utilização de referências ou partes de obras anteriores deste mesmo autor (grifo nosso).

A intertextualidade é o modo como os textos são construídos. Como se vê, todo discurso sempre se refere a outro discurso. Isso porque, diante da concepção de conhecimento da qual partimos, os enunciados se referem a outros enunciados e não a uma realidade "em si mesma". Não há como conceber que a criação de um texto possa ser absolutamente independente de outros textos.

Há uma intertextualidade constante. "É verdade que, para isso, há seleção e transformação da matéria, convertida e deformada em conceitos e classificações internas."[115] Isso é intertextualidade: fixação dos conceitos, conforme sua incorporação ao sistema linguístico.

É a intertextualidade, portanto, um processo contínuo na elaboração de textos, pois, na criação de um texto novo, seus textos de base são recriados; há constante atualização em seus conteúdos pelo processo de interpretação. É, ainda, fundamental para criação dos textos, pois, em virtude de não

---

114. HOUAISS, Antonio; VILLAR, Mauro de Salles. *Dicionário Houaiss da língua portuguesa*. Rio de Janeiro: Objetiva, 2001. s.v. *intertextualidade*.

115. DERZI, Misabel Abreu Machado. *Modificações da jurisprudência no direito tributário* cit., p. 43.

termos acesso direto à nossa realidade, esta sempre será "mediada" pela linguagem.

Desse modo, José Luiz Fiorin complementa: "o real se apresenta para nós semioticamente, o que implica que nosso discurso não se relaciona diretamente com as coisas, mas com outros discursos, que semiotizam o mundo. Essa relação entre os discursos é o dialogismo".[116]

A linguagem, como sabemos, não exerce papel coadjuvante na aquisição do conhecimento, a de mero "refletor" da verdade, mas é o próprio conhecimento. Nada se pode conhecer sem linguagem, o conhecimento é linguagem. Novamente mostram-se fundamentais as lições de José Luiz Fiorin:

> [...] todo discurso é inevitavelmente ocupado, atravessado, pelo discurso alheio. O dialogismo são as relações de sentido que se estabelecem entre dois enunciados.
>
> [...] não se tem acesso direto à realidade, uma vez que ele é sempre mediado pela linguagem. O real apresenta-se para nós semioticamente, ou seja, linguisticamente.[117]

A construção de um texto sempre será consequência da soma de vários outros textos, de modo que o dialogismo se apresenta entre os discursos, mesmo que o locutor seja o mesmo nos dois textos.[118] Importante ressaltar que no direito essa sobreposição de textos é limitada pelo próprio sistema, como é estabelecida, por exemplo, na regra do art. 110 do CTN.

A intertextualidade é um valor atribuído pelo indivíduo que cria, aplica ou interpreta a norma, recolhendo os aspectos da realidade que entende necessários e conjugando-os com os que já existem na realidade jurídica, ocorre que muitas vezes esse processo se dá de forma inconsciente.

---

116. Interdiscursividade e intertextualidade. In: BRAIT, Beth (Org.). *Bakhtin – outros conceitos-chave*. São Paulo: Contexto, 2010. p. 167.

117. *Introdução ao pensamento de Bakhtin*. São Paulo: Ática, 2006. p. 19.

118. Na classificação de José Luiz Fiorin.

O conhecimento depende ainda de circunstâncias históricas, a forma como determinada sociedade, numa dada época atribui sentido aos termos, é o contexto histórico influenciando o sentido e o alcance dos textos. Influência essa que também se apresenta como uma intertextualidade, visto que os textos são produzidos de acordo com as tendências daquele momento histórico. Mostra-se, com isso, ser fundamental aproximar-se da intertextualidade que há entre o texto e seu contexto, para compreender o texto, seu sentido e alcance. É o que propõe Tácio Lacerda Gama:

> [...] a relação entre texto e contexto afasta a ideia de que o sentido é construído monologicamente, a partir de uma única perspectiva. O sentido é fruto da conjugação de textos, que se articulam criando e condicionando relações de significação. A referência genérica a um contexto acaba por ser uma metáfora de inúmeras circunstâncias que, embora influenciem a produção de sentido, não podem ser identificadas, definidas e classificadas.[119]

A intertextualidade é equivalente à dialogia,[120] que seria a troca de enunciados entre os discursos, entre as enunciações entre o *eu* e o *outro*.

Bakhtin "abre" oportunidade à construção do conceito de intertextualidade, quando modifica o que se compreende sobre texto, deixando de enxergá-lo como uma produção exclusivamente individual para tê-lo como o produto dos conhecimentos culturais em conversação.

Não limita, entretanto, essa troca de conhecimentos com o que seja precedente ao texto, mas considera, ainda, os destinatários da mensagem em constante diálogo. Desse modo, a

---

119. Sentido, consistência e legitimação. In: HARET, Florence Cronemberger; CARNEIRO, Jerson (Coord.). *Vilém Flusser e juristas*. São Paulo: Noeses, 2009. p. 251.

120. O conceito de intertextualidade foi desenvolvido a partir das obras de Bakhtin. Ocorre que em seus escritos não há sequer uma menção do termo, fazendo com que os estudiosos de sua teoria tenham optado por equiparar os conceitos de dialogia e intertextualidade. Para saber mais, *vide*: FIORIN, José Luiz. *Interdiscursividade e intertextualidade* cit.

partir dessa concepção dialógica de texto, não há como desvincular tal conceito de sua característica dialógica.

Os diálogos presentes na composição do texto exercem o papel de "preenchedores" de sentido, fazendo com que cada contato mantido com o texto lhe outorgue conteúdo inédito e irrepetível.

4.2 Intertextualidade, dialogia e polifonia

Conforme afirmamos, a construção de um texto sempre é decorrente de outros textos; não há como conceber seu isolamento absoluto. Isso se dá em consequência de os processos comunicacionais serem possíveis apenas no campo social, pressupondo a existência de, no mínimo, dois sujeitos, que se relacionam e se implicam.

É a *deformidade social* desenvolvida por Pontes de Miranda e que citamos quando tratamos do processo comunicacional. Essa deformidade nada mais é que a sociedade, que, ao tornar esse indivíduo um *ser social*, o impregna de seus valores e consensos. É a intertextualidade que transforma o indivíduo em *ser social*.

A intertextualidade pode atuar na produção dos textos sob vários aspectos: (i) no contexto; (ii) quanto às vozes; e (iii) na comunicação.

Quanto ao contexto (i), há dialogismo entre o texto atual, o que se está produzindo, com seus antecessores, que contribuem para a produção de enunciados, sendo eles concorrentes ou estando em dissonância. Nesse aspecto, o dialogismo equivale a uma pesquisa científica, em que o pesquisador sai em busca de material já elaborado acerca do seu objeto de estudo, sobre os quais vai elaborar seus juízos favoráveis ou contrários, agrega esses novos conhecimentos aos seus anteriores e produz um novo texto sobre o assunto. Um livro de doutrina é ótimo exemplo desse tipo de dialogismo.

Em relação às vozes, o texto pode se apresentar como monofônico ou polifônico (ii). Polifônico é o texto em que aparecem várias vozes producentes, há a demonstração da convergência ou da divergência de opiniões em sua produção. Tal modalidade é própria dos discursos heterogêneos, polêmicos, em que se quer deixar transparecer as mais variadas opiniões, a "própria vulnerabilidade do discurso".[121]

Monofônico, por sua vez, é o dialogismo que deixa transparecer apenas uma voz, tendendo a silenciar possíveis ambiguidades, buscando, com isso, um tom mais consensual, mais autoritário, portanto, contra o qual é mais difícil se exsurgir.

A monofonia é própria dos discursos jurídicos, pois, mesmo sendo produzidos por mais de um enunciador, esses o fazem em nome da sociedade, em busca de valores que esta pretende ver garantidos. É inerente à linguagem em sua função prescritiva, em que o emissor da mensagem busca estabelecer um *modus operandi* ao seu destinatário.

Ao discurso monofônico cabe destacar a passividade do destinatário da mensagem, em que as funções semântica e pragmática do discurso são enfraquecidas, por isso uma maior preocupação com o campo sintático. Essa característica se dá, pois os discursos monofônicos são criados para perdurar, justificando a vaguidade de grande número de regras jurídicas.

O objeto do discurso monofônico aparece como um *certum,* pois não há presença reflexiva de interlocutores. Essa admissão é própria da linguagem normativa, visto que a ausência de reflexividade impõe ao discurso sentido único, desenvolvido com objetivo precípuo de ordenar.

No processo comunicacional (iii), há dialogismo entre emissor e seu destinatário, como dito. No pensamento *bakhtiniano*, o outro nunca é abstrato. Daí por que a inafastabilidade das relações entre textos, visto que estes serão produzidos sempre em função de um destinatário, por mais abstrato

121. DISCINI, Norma. *O estilo nos textos*. São Paulo: Contexto, 2003. p. 224.

que isso possa parecer. Tal assertiva reafirma o que dissemos quando tratamos do processo comunicacional: não se pode falar na existência de comunicação sem quaisquer de seus elementos, e entre eles está o receptor da mensagem, que, ao contrário do que se pode pensar, numa análise menos detida, não exerce função meramente passional, recebendo a mensagem formulada exclusivamente pelo emissor, mas, ao recebê-la, (re)constrói a mensagem, tendo como ponto de partida os enunciados proferidos, mas utilizando-se também de seus textos individuais, de suas experiências colaterais.

Clarice von Oertzen de Araújo aborda ainda outros pontos acerca da dialogia na linguagem jurídica, afirmando que

> O aspecto monológico da linguagem normativa está em sua função prescritiva enquanto uma forma de regramento das condutas. No que diz respeito ao seu aspecto regulador o direito é monológico porque não permite a concorrência de nenhuma outra forma de comando, sempre assegurando a sua própria prevalência. O aspecto prescritivo da linguagem normativa é onipresente e se sobrepõe a qualquer outra função, na medida em que esta é a característica que define o direito em contraste com as demais formas imperativas de linguagem, como a moral e a ética. Ou seja, a linguagem normativa é monológica quando se trata de confirmar e garantir a soberania do poder do Estado. Mas possui o aspecto dialógico na medida em que esta mesma soberania precisa conviver e buscar um equilíbrio entre poder estatal e liberdades individuais.[122]

Ao presente trabalho focaremos no primeiro tipo, na intertextualidade existente na produção do discurso, seus limites e possibilidades.

J. Teixeira Coelho Netto, citado por Paulo de Barros Carvalho, ensina que

> [...] u'a mensagem é elaborada pela fonte, com elementos extraídos de um determinado *repertório*, sendo transmitida por um *canal* e decodificada por um *receptor*, que, para tanto, utilizará

122. *Incidência jurídica*. Teoria e crítica cit., p. 75-76.

> elementos extraídos de outro *repertório*, que tenha algum ponto em comum com o repertório da fonte.[123]

Assim se procede com o direito: ao travar contato com o texto de lei, mensagem formulada pelo emissor-legislador, o intérprete/aplicador, seu destinatário, constrói normas jurídicas num processo interpretativo inesgotável, que tem como ponto de partida o suporte físico normativo e como parâmetros as vivências e convicções do próprio intérprete.

No direito, o dialogismo se apresenta de várias formas. No percurso gerador de sentido, podemos identificar algumas delas:

S1 – *plano da literalidade*: para a formação dos enunciados prescritivos, por exemplo, de direito tributário foram necessárias especificações, apropriações de conceitos de outros ramos do direito, como é muito comum acontecer com o direito civil;

S2 – *plano das significações*: o intérprete, ao criar as significações dos enunciados prescritivos do sistema normativo, utiliza o código utilizado naquele discurso e também seu repertório, suas experiências para poder construir essas significações;

S3 – *plano das normas jurídicas*: da mesma forma, ao estabelecer o elo entre hipótese e consequente $D(H \rightarrow C)$, próprio da estrutura normativa, o intérprete faz uso de vários enunciados prescritivos, buscando as peças de composição da norma jurídica; e

S4 – plano *da sistematização*: no intuito de promover a sistematização do direito positivo, pelas relações de coordenação e subordinação das normas, o jurista realiza o dialogismo. Exemplo desse trabalho é o da busca do fundamento de validade de uma norma.

O dialogismo no sistema linguístico do direito também se apresenta de outras formas, como o que ocorre entre o direito

---

123. *Direito tributário* – Linguagem e método cit., p. 170.

positivo e a Ciência do Direito, esta metalinguagem, aquele como linguagem-objeto, ou, ainda, entre a linguagem do direito positivo e a da realidade social, sobre a qual aquele se coloca.

Em aprofundado estudo sobre o modo de composição e conversação existente entre os diálogos, Renata Coelho Marchezan afirma:

> Os diálogos que experimentamos sensível e concretamente, no dia a dia, são assimilados por gêneros mais complexos, os secundários, que se desenvolvem mediante uma alternância diferente entre sujeitos, não imediata ou espontânea, menos evidente. Nestes gêneros, os diálogos são mais fortemente estabilizados, institucionalizados, mas continuam a receber dos diálogos cotidianos, mais permeáveis a mudanças sociais, o alimento da mudança e da transformação.[124]

Assim acontece com as decisões de primeira instância, exaradas com posicionamentos, muitas vezes, antagônicos se comparadas e que, indiretamente, acabam por influenciar as decisões dos tribunais superiores, numa relação dialógica não tão evidente quanto aquela existente entre as normas gerais e a realidade social à qual se referem.

É esse diálogo responsável por todo o processo comunicacional que tem início com o primeiro enunciado, mantém-no pela troca de enunciados entre os interlocutores e se conclui com a criação de um novo discurso. Importante salientar que esse diálogo não se restringe à atividade de réplicas contemporâneas, mas pode ocorrer também entre enunciados produzidos em momentos históricos diferentes.

4.3 Intertextualidade no direito

Como dito, para a finalidade do presente trabalho, examinaremos apenas a intertextualidade existente na produção dos

124. Diálogo. In: BRAIT, Beth (Org.). *Bakhtin* – outros conceitos-chave. São Paulo: Contexto, 2010. p. 119.

textos normativos; a concorrência entre os textos produzidos e os que estão sendo produzidos. Nesse aspecto, sobre linguagem do direito, a intertextualidade se apresenta de duas formas: (i) entre os textos produzidos no interior do sistema jurídico e (ii) entre os textos do sistema jurídico e dos demais sistemas sociais.

Sobre o tema, faremos novo corte, focando nosso objeto de estudo sobre a primeira possibilidade, procurando imprimir à pesquisa caráter exclusivamente jurídico, dos textos positivados. A opção dá pretensão de manter um discurso racional, só possível tendo por base um sistema único de referência, conforme adverte Tercio Sampaio Ferraz Jr.:

> Uma discussão é por nós denominada *racional* quando os agentes do discurso não deixam as ações linguísticas que executam determinarem-se por elementos exteriores à própria discussão, no sentido de que esses eventuais elementos devam ser postos *pela* discussão, em termos de *mútuo entendimento*. Tais elementos compõem o mundo linguisticamente articulado, o mundo circundante [...].[125]

A classificação apresentada segue o padrão daquela proposta por Paulo de Barros Carvalho:

> [...] a intertextualidade no direito se apresenta em dois níveis bem característicos: (i) o estritamente jurídico; que se estabelece entre os vários ramos do ordenamento [...]; e (ii) o chamado jurídico em acepção lata, abrangendo todos os setores que têm o direito como objeto, mas o consideram sob o ângulo externo, vale dizer, em relação com outras propostas cognoscentes.[126]

Ao legislador cabe realizar a tarefa da intertextualidade, construindo as regras e definindo, com o máximo de precisão, a hipótese da norma. Tem-se que levar em conta, entretanto, a dificuldade que é manter a precisão do discurso, visto que essa atividade é realizada com termos muitas vezes imprecisos, dada a predominância da linguagem vulgar.

---

125. *Direito, retórica e comunicação*. 2. ed. São Paulo: Saraiva, 1997. p. 30.

126. *Direito tributário* – Linguagem e método cit., p. 206.

Além do que, excluindo a precisão da linguagem formalizada, todas as demais, por rigorosas que sejam, representam situações que estão certamente inseridas em seu contexto e outras claramente excluídas, havendo ainda uma terceira classe de situações que se põem em posição intermediária, não pontualmente incluídas, muito menos prontamente excluídas, cuja dúvida resultará na convocação do Estado-juiz, para definir acerca da incidência normativa (que em momento anterior chamamos de zona cinzenta).

Ao direito cabe estabelecer os limites dessa intertextualidade, mediante a edição de normas que determinem a forma como a intertextualidade pode/deve atuar no ordenamento jurídico. A mais comum das normas de estrutura que expressa a intertextualidade em matéria tributária é a das regras de competência. Afirmando essa limitação é que vem o art. 110 do CTN. As normas de intertextualidade sempre devem ser postas pelo *jogo jurídico*, é regra do jogo de fundamental importância e, como tal, não poderia se apresentar de outro modo que o de nível constitucional.

A intertextualidade pode ser tida como um cálculo de relações que, no direito, é determinada pelo próprio sistema. Isso porque sempre vai aparecer como alguma forma de antinomia, e, para cada hipótese haverá uma previsão de sistematização desse conflito diferente. É o caso da isenção, da responsabilidade, da revogação e dos tratados internacionais.[127]

Ainda há a questão da intertextualidade, que mais gera questionamentos no sistema normativo, referente à multiplicidade de usos que os diplomas normativos fazem de um mesmo termo, conforme apresentado por Fernando Gomes Favacho:

---

127. Sobre a responsabilidade tributária: "[...] Esse papel é realizado pelas normas de responsabilidade. Todas elas intrometem modificações no âmbito do critério pessoal passivo da obrigação tributária. Guardando sua autonomia normativa, entram em cálculo de relações com a regra-matriz de incidência em sentido amplo, cujo resultado variará a depender da espécie ou da característica da responsabilidade de que se trate" (DARZÉ, Andréa Medrado. *Responsabilidade tributária*: solidariedade e subsidiariedade. São Paulo: Noeses, 2010. p. 193).

> Não há uma mesma realidade para os diferentes idiomas, e não há uma mesma realidade jurídica para os diferentes sistemas jurídicos. "Tributo" pode ter uma significação para o Direito Tributário, e outra bem diferente para o Direito Financeiro.[128]

Cada ramo do direito faz parte de um mesmo todo, recebendo nomes específicos para facilitar a análise e aplicação de textos jurídicos, conforme as pretensões e o uso que se faz deles. Assim, alguns conceitos podem ser utilizados/definidos em vários desses ramos, de acordo com o que cada um deles pretende regular. Indispensável, entretanto, reforçar a ideia de que todos esses "direitos" formam uma só realidade. O que se há de ter em foco são as peculiaridades de cada um, influenciando, muitas vezes, de forma diversa, a atribuição de sentido para um mesmo conceito.

Desse modo, para fins de tributação, poderão ser utilizados conceitos já insertos em outras áreas do direito, seja do direito privado (cível, trabalhista) ou de direito público (administrativo). E, na opinião de Heleno Taveira Torres,

> [...] quando a lei tributária não dispuser de modo diverso, os institutos, conceitos e formas de outros ramos do direito serão preservados nas suas características originais.
>
> [...]
>
> O *legislador* pode reelaborar conceitos já definidos em enunciados de direito privado, tendo por objeto o mesmo fato material, caso em que seria mais exato falar de elaboração de conceitos de direito tributário, facilitada pela prévia juridicização promovida pelo direito privado. É que mediante tal *transformação*, o instituto perde suas feições originais, de natureza de direito privado, para adquirir funcionalidade no direito tributário.[129]

Com isso, podemos formular um possível raciocínio tendente à solução dos conflitos de definições de conceitos no

128. *Definição do conceito de tributo* cit., p. 32.

129. Boa-fé e argumentação na interpretação das normas tributárias. In: SOUZA, Priscila de (Coord.). *Direito tributário e os conceitos de direito privado*. São Paulo: Noeses, 2010. p. 556-557.

direito: o legislador, que goza de autonomia ao criar presunções e ficções em relação à sua linguagem de base, a social, poderá, no âmbito tributário, modificar, ignorar ou determinar qual(is) aspecto(s) desse conceito será(ão) utilizado(s) para fins de tributação, desde que leve em conta as competências outorgadas pela Constituição Federal.

A intertextualidade deixa patente que o sentido das normas transcende o próprio texto, nas relações que se formam entre os textos elaborados pelo legislador e os textos dos intérpretes/aplicadores, numa atividade contínua do direito, na busca por imprimir certos valores na sociedade, mediante a regulação das condutas interpessoais. Essa atividade, no entanto, se opera em constante transformação, de ordem pragmática, exigida pelo processo evolutivo a que todo e qualquer organismo está submetido.[130]

---

130. A visão de mundo dominante na Europa até o século XVI refletia as conclusões de Aristóteles e da Igreja; com perspectiva orgânica, baseava-se na razão e na fé. As investigações científicas tinham o propósito de compreender as coisas e não exercer um controle sobre elas, pois se entendia que esse controle era transcendental ao homem; buscavam estabelecer uma harmonia entre o homem e a natureza. Os cientistas voltavam suas atenções aos fenômenos naturais, preocupando-se, entretanto, primordialmente com as questões éticas e as relacionadas a Deus. Pelo fato de os indivíduos viverem em sociedades menores e mais fechadas, havia uma preocupação em atender às necessidades da coletividade, em detrimento às do indivíduo.
A Colaboração de Francis Bacon foi marcada pelo desenvolvimento do processo indutivo, pelo qual, ao estabelecer determinadas premissas, busca-se extrair delas conclusões científicas gerais e, através do empirismo, buscava revolucionar a ideia que até então se tinha acerca da natureza. Seu principal objetivo era de demonstrar que a ciência não deveria restringir-se a explicar a natureza, mas que poderia condicionar os fenômenos naturais aos desejos humanos, escravizá-la. Essa mecanização da natureza vem auxiliar os estudos que seriam então desenvolvidos no século XVII, destacando-se as figuras de Descartes e Newton.
Descartes desenvolveu um método (analítico) que buscava, assim como a matemática, fazer demonstrações tautológicas, utilizar símbolos. Entendia que a ciência era capaz de separar o certo do errado, afirmando que toda ciência é conhecimento certo e evidente e que todo conhecimento meramente provável deveria ser prontamente descartado. Acreditava numa verdade absoluta conquistada através da ciência. Todas suas construções eram realizadas com a linguagem matemática, fazia demonstrações científicas através do desenvolvimento de um método analítico de raciocínio, o que transformou a forma do pensamento científico, por ser de grande utilidade no desenvolvimento de teorias científicas, até os dias de hoje. Atribuiu a devida importância à mente, segregando-a da matéria, gerando infindáveis questionamentos acerca do espírito humano. Por outro lado, entendia que o que não fosse mente seria exclusivamente matéria, sendo capaz, através de demonstrações científicas, explicar o funcionamento de qualquer

máquina, seja ela viva ou não. O ponto fundamental de Descartes é a dúvida. Passa a duvidar de todo o conhecimento tradicional e chega a duvidar até de ser, ele mesmo, um pensador. A partir daí, concluiu que a essência da natureza humana reside no pensamento e que todas as coisas que concebemos clara e distintamente são verdadeiras, chegando a formular a famosa frase "penso, logo existo".

Descartes classificou os domínios da natureza em mente e matéria. A separação, que era então uma criação de Deus, serviu de ponto de partida para a classificação de Descartes. Entendia ser fundamental essa divisão por se tratar de domínios independentes: o da mente, ou coisa pensante, e o da matéria, a coisa extensa. Com a divisão dos domínios da natureza, entendia que tudo que estivesse fora da mente humana era simplesmente matéria. Assim, o "funcionamento" da natureza se dava por leis exclusivamente mecânicas e que poderiam ser explicadas em função da organização e do movimento de suas engrenagens. Explicava as funções biológicas de animais equiparando-os às máquinas, com a diferença de que as primeiras tinham o atributo da vida própria. Chamava-os de autômatas. Essa classificação fez que com que os cientistas voltassem suas atenções ao minucioso estudo dos mecanismos que compõem essas máquinas vivas, o que contribuiu de forma significativa com as ciências biológicas.

Isaac Newton, por sua vez, elaborou consistente teoria matemática por formular leis exatas do movimento dos corpos, influenciada pela lei da gravidade. Combinando as teorias de Kepler – do movimento planetário – e a de Galileu – sobre a queda dos corpos –, desenvolveu leis gerais do movimento que governam todos os objetos no sistema solar. Dessa forma, pôde afirmar que o universo era um gigantesco sistema mecânico que funcionava de acordo com leis matemáticas exatas. Unindo essa teoria à afirmação de Descartes – de que o mundo está separado entre mente e matéria e que toda a matéria funciona da mesma forma, portanto, a partir do estudo do funcionamento dos objetos –, poder-se-ia determinar qual o funcionamento do universo. O filósofo afirmava, ainda, ser o universo atômico, no sentido de ser todo ele formado pela mesma matéria, cujas variações se limitavam às condições de aglomeração desses átomos de matéria.

Podemos dizer que a maior contribuição da física clássica para as ciências sociais foi a de implementação de alguns valores no Iluminismo e do desenvolvimento do moderno pensamento econômico e político. Isso porque, segundo John Locke, da mesma forma que existem leis que regem a natureza, existem outras que governam a sociedade humana. Com isso, afirmava que a função do governo não seria a de impor suas vontades à sociedade, mas a de compreender quais eram as leis naturais que já existiam antes mesmo de o governo ser implementado, é a busca do bem comum.

A partir do século XIX, após algumas modificações na teoria do mundo-máquina, com estudos voltados à natureza dos seres humanos e sua aplicação aos problemas econômicos e políticos, principalmente desenvolvidos por John Locke e que influenciaram o sistema de valores do Iluminismo, já no século XIX, foram realizados estudos de fenômenos elétricos e magnéticos, afastando a necessidade de objetos materiais para explicá-las e que não podiam ser submetidas ao modelo mecanicista.

O mundo estava, então, se preparando para a efetiva evolução científica, realizada, em princípio, a partir de fósseis que demonstravam que o estado atual da Terra seria o resultado do desenvolvimento contínuo causado pela ação das forças naturais, ao longo dos anos, séculos e milênios.

Reconheceram a partir daí a mutação constante pela qual se submetia o universo: a extinção de algumas e o surgimento de novas espécies, a mutação sofrida pelas espécies existentes, enfim, a aceitação de que todas as espécies evoluíram a partir de um estado primitivo. Para saber mais, *vide*: CAPRA, Fritjof. *O ponto de mutação*: a ciência, a sociedade e a cultura. 25. ed. São Paulo: Cultrix, 1982.

Como visto, os textos normativos estão em constante relação, como elementos que são do sistema jurídico. A maneira como essas relações ocorrem é que sofre variações. Há relações entre dispositivos hierarquicamente dispostos, denominadas de subordinação, como também as mantidas entre diplomas de mesmo patamar, chamadas de relações de coordenação. A incidência normativa dependerá de relações nos dois sentidos: vertical e horizontal. A grande questão que ora se apresenta é como identificar o sentido que se atribui aos conceitos normativos e onde eles efetivamente estão postos.

Os preceitos contidos nas normas inferiores sempre deverão dar lugar aos das normas superiores, quando deles forem divergentes. A problemática é que nem sempre é possível afirmar em qual dos diplomas o conceito foi inserido. Isso porque as normas inferiores têm a função de conferir positividade às suas superiores, e quanto mais raso for seu nível, maior o grau de concretude que essa norma irá usufruir, de modo que a regra inferior sempre será mais precisa que a superior.

Problema que já se enfrentou nesse âmbito tratou da divergência existente entre a Lei Complementar 116/2003 e a Constituição da República. Isso porque a Constituição, ao outorgar competências para tributar, reservou aos Municípios a possibilidade de instituir imposto incidente sobre a prestação de serviços. A edição da referida lei, no entanto, manteve em seu bojo (em virtude de ser a substituta da antiga LC 56/1987, que tratava do assunto) os serviços sujeitos à tributação, a locação de bens, causando estranheza na comunidade jurídica, em virtude da impossibilidade de considerar a *locação de bens* elemento da classe *prestação de serviços*, e por essa relação ter sido estabelecida por uma norma infraconstitucional, portanto localizada abaixo daquela que concedeu ao Município a competência para cobrar o ISS. Todavia, até a edição da Súmula Vinculante 31, o que se presenciou foi a incidência do tributo sobre a referida atividade. Para justificar a edição da Súmula, os Ministros do STF utilizaram o argumento da ontologia do conceito de serviço, restringindo a atuação do

Congresso Nacional para elaborar a lista de atividades tributáveis, escolhendo aquelas que se encaixem no conceito, sem poder, no entanto, definir como serviço atividades que ontologicamente não o sejam. Para compreender melhor as justificativas do embate e do julgamento, trataremos oportunamente do assunto em momento posterior.

Disputas como essa fazem parte do cotidiano jurídico, como bem salienta Tácio Lacerda Gama:

> [...] das relações entre Fisco e contribuintes, as dúvidas relativas à incidência de normas tributárias, com muita frequência, são resolvidas por atos infralegais – regulamentos, portarias, atos interpretativos – que positivam o sentido mais analítico do texto, se comparado àquele posto de forma sintética pela lei. Daí por que é intuitiva a noção de que o ato infralegal atribui sentido ao legal, da mesma forma que a lei atribui sentido à Constituição.[131]

Em consequência da amplitude, própria das normas constitucionais, é que muitas vezes não há como estabelecer prontamente quais conceitos foram definidos e quais estão à parte da previsão constitucional.

Haverá, contudo, esse diálogo sempre presente entre as normas dos mais diversos níveis hierárquicos, relação tanto possível como inerente à própria linguagem jurídica, o que não nos autoriza concluir, de modo algum, que, ao estabelecerem tais relações, com a justificativa de outorgar precisão e concreção às normas superiores, as inferiores alterem seu conteúdo. Isso porque sabemos que as normas infraconstitucionais não podem alterar o sentido e alcance daquelas postas na Carta Magna, em virtude de a regra do jogo do ordenamento exigir obediência à hierarquia das normas,[132] conforme seja seu conteúdo, e o veículo que a introduz no sistema, critérios material e formal, respectivamente, fornecer fundamento de validade para sua criação.

---

131. *Sentido, consistência e legitimação* cit., p. 246.

132. *Vide* art. 59 da Constituição da República.

A recíproca, todavia, não é verdadeira, como é o caso do IPTU progressivo.[133] Prova disso é o fato de a Constituição fazer previsão de incidência do tributo, como forma de sancionar os proprietários de terrenos em áreas urbanas, sem edificação, contrariando, portanto, a função social da propriedade – outra norma de patamar constitucional –, em oposição ao Código Tributário Nacional, que prescreve a impossibilidade de o legislador utilizar-se de situações tidas como ilícitas, como critério material de tributos.[134] Casos como esse representam as regras especiais, que não retiram a validade da regra geral, pelo contrário, a justificam por apresentar uma exceção a ela.

Pelo que foi exposto, demonstra-se fundamental, na atividade legislativa, a edição de normas precisas, evitando, assim, qualquer vício de linguagem, como leciona Lourival Vilanova:

> [...] não se reforça a função jurisdicional instalando-a num sistema jurídico impreciso. O direito implica precisão, certeza no delinear o comportamento lícito e o comportamento ilícito, precisão e certeza no momento sancionador, a fim de prever o comportamento não só dos indivíduos-membros, mas dos órgãos do Estado: o que cada um pode fazer ou omitir licitamente. A previsibilidade normativa do comportamento é a condição existencial da vida em comum, que requer segurança, limitação do arbítrio de cada um em benefício da liberdade igual de todos.[135]

---

133. "Art. 182. [...] § 4º É facultado ao Poder Público municipal, mediante lei específica para área incluída no plano diretor, exigir, nos termos da lei federal, do proprietário do solo urbano não edificado, subutilizado ou não utilizado, que promova seu adequado aproveitamento, sob pena, sucessivamente, de:
[...]
II – imposto sobre a propriedade predial e territorial urbana progressivo no tempo."

134. Importante consignar, entretanto, que o IPTU progressivo como sanção de ato ilícito não é um consenso na doutrina; para Aurora Tomazini de Carvalho, por exemplo, não se trata de exceção constitucional à regra geral dos tributos, estabelecida pelo CTN, mas da presença do instituto da extrafiscalidade, como incentivo ao uso da propriedade.

135. *O poder de julgar e a norma* cit., p. 364.

A prescrição dos textos normativos precisos garante ao sistema que os destinatários das normas adotarão determinado tipo de comportamento, em acordo ao previsto normativamente, e, atingindo, dessa forma, o fim último do direito, valorativamente falando, que é a paz social.

Nessa relação dialógica, os textos do futuro, ou seja, os comportamentos dos indivíduos, são influenciadores dos textos produzidos no presente, visto que, como afirma Norma Discini,

> [...] se o discurso segundo incorpora constitutivamente o outro enquanto enfrentamento necessário de crenças e valores, o primeiro também se constitui pelo mesmo enfrentamento com o segundo, o que é próprio ao dialógico de todo e qualquer discurso.[136]

É o presente influenciando o futuro, e por este sendo influenciado ao constituir seu contexto histórico. Nas palavras de Gerardo Mello Mourão,[137] trata-se de uma "arquitetura do futuro" em que a construção dos textos de hoje conversa dialogicamente com o futuro. Ao determinar as formas do presente, pode-se ter uma previsão de como ele vai influenciar este futuro, o que ainda vai se realizar.

Como bem asseverou Santo Agostinho: "só se pode falar do que é e não daquilo que não é",[138] de modo que, se falamos do futuro, o estamos produzindo, por meio da linguagem. É a linguagem criando a realidade.

Essa influência também pode se dar de forma inversa no direito, quando o futuro constrói o passado, constituindo realidades por meio de decisões judiciais irreformáveis. Por exemplo, ao declarar a paternidade de alguém, a sentença transforma o passado, determinando uma reescritura da história familiar entre pai e filho.

---

136. *O estilo nos textos* cit., p. 225.

137. *A invenção do saber*. Rio de Janeiro: Paz e Terra, 1983. p. 44.

138. *Interdiscursividade e intertextualidade* cit., p. 161.

4.4 Intertextualidade e tradução na linguagem do direito: fato e evento

> *Não há um acesso direto à realidade,*
>
> *toda realidade é conhecida mediante sua representação,*
>
> *mas essa representação não toca a realidade.*
>
> Vilém Flusser[139]

Eventos são os acontecimentos do mundo fenomênico que, portanto, perdem-se no tempo e no espaço. Sobre eles se pode produzir linguagem que os descreva, os eternize: esse é o fato.

O fato é linguagem que se produz acerca de um dado, é um dos inúmeros pontos de vida acerca do evento. O conhecimento do dado é linguagem, depende do repertório do sujeito cognoscente. Quanto maior o conhecimento, mais linguagem se pode produzir sobre o dado, mais complexo e detalhado será o fato. Entretanto, o fato nunca poderá representar todos os aspectos do dado, nunca o esgotará. Tampouco com o evento ele se confunde.

Da mesma forma que o signo não pode representar o dado bruto em sua inteireza, não pretende o fato jurídico representar o evento em sua completude de aspectos e detalhes, como bem salienta Pontes de Miranda:

> As mais das vezes, despe-se de aparências, de circunstâncias, de que o direito abstraiu; e outras vezes se veste de aparências, de formalismo, ou se reveste de certas circunstâncias, fisicamente estranhas a ele, para poder entrar no mundo jurídico. A própria morte não é fato que entre nu, em sua rudeza, em sua definitividade, no mundo jurídico.[140]

A construção do fato emerge da necessidade de representação, possível apenas pela linguagem, como um limitador

---

139. FLUSSER, Vilém. *Língua e realidade* cit.

140. *Tratado de direito privado*. 4. ed. São Paulo: Revista dos Tribunais, 1974. t. I, p. 20.

do que o fato deve representar, deve provar em relação a um evento. Nas lições de Paulo de Barros Carvalho, ele se utiliza do termo *objeto*, que trazemos para elucidar:

> [...] é comum a confusão entre "objeto" do conhecimento e o "objeto" que vemos ali, concretamente existente no mundo real. O que está em nossa consciência é o conteúdo da forma, não o objeto mesmo, tomado na sua contextura físico-material. Os filósofos separam de maneira clara essas duas situações, referindo-se a "objeto" em sentido amplo: a coisa-em-si, percebida por nossos órgãos sensoriais, e "objeto" em sentido estrito, vale dizer, em sentido epistêmico: conteúdo de uma forma de consciência. Efeito prático imediato dessa distinção é a lembrança de William James de que "a palavra 'cão' não morde".[141]

Ocorre que, como exposto linhas acima, essa representação depende do sujeito cognoscente, das suas impressões acerca do evento, o que implica afirmar que não há uma verdade real, o que se tem são aspectos de vista sobre um mesmo objeto.

Fato jurídico é a construção linguística, realizada com base na legislação, ou seja, seguindo determinado procedimento previsto e feito por pessoa competente, que relate evento do mundo fenomênico de relevância jurídica. Tárek Moysés Moussallem, ao tratar do assunto, é enfático: "o homem só consegue (re)construir ditos eventos por meio da linguagem. Os eventos não provam nada, simplesmente porque não falam".[142]

Como sempre faz referência a um acontecimento, tem suas atenções voltadas ao passado. Esse evento, entretanto, não importa em sua completude para o direito. Ao direito cabe proceder com recortes desse acontecimento, trazendo para o interior de seu sistema apenas os aspectos que considere relevantes.[143]

---

141. *Direito tributário* – Linguagem e método cit., p. 15.

142. *Fontes do direito tributário* cit., p. 3.

143. "O imediatamente dado na experiência é uma concrescência de aspectos que excedem os limites do conceptual, que tem sempre um certo *quantum* de abstracto, mesmo os conceitos concretos" (VILANOVA, Lourival. O poder de julgar e a norma cit., p. 368).

O direito cria a própria realidade, como linguagem que é. Com isso, podemos afirmar que não existem fatos puramente jurídicos; exclusivo é o modo como o direito "enxerga" a realidade. Os eventos jurídicos, na verdade, são recortes de uma realidade maior. Ocorre que esse recorte é meramente abstrato, não há como separar o jurídico do social e manter o social inalterado. Nessa mesma esteira estão os ensinamentos de Paulo de Barros Carvalho:

> [...] o termo ou expressão que adquirir o qualificativo "jurídico" não somente será representativo de uma unidade do universo do direito, como também denotará seu contraponto, que são todos os outros fatos linguisticamente possíveis de serem construídos a partir daquele mesmo evento, mas que não se enquadram às regras sintáticas e semanticamente dadas pelo sistema de linguagem do direito.
>
> [...]
>
> O critério utilizado para a separação desses dois domínios é justamente a *homogeneidade sintática* do universo jurídico. Não há fatos jurídicos puros ou fatos econômicos puros. O que existe são cortes de linguagem.[144]

O direito não opera sobre eventos, somente sobre a construção linguística desses eventos, ou seja, sobre os fatos jurídicos. Sem a produção da referida linguagem competente, os acontecimentos sociais, mesmo que previstos em normas gerais e abstratas, não chegarão a fazer parte do direito.

A interpretação do evento e a criação do fato jurídico se equiparam a uma tradução feita da linguagem social para a linguagem jurídica. A atribuição de sentido o intérprete confere ao evento, mediante o uso de seus valores, significações que irão variar de acordo com a perspectiva que for levada em conta, de modo que um mesmo evento poderá dar ensejo à criação de vários fatos. O contexto, essa perspectiva a que aludimos, será determinante para a construção do fato, visto que o evento é o suporte físico para a criação do fato, não

144. *Curso de direito tributário* cit., p. 272 e ss.

possuindo conteúdo *per se*, dependente, portanto, da determinação do intérprete ao agregar esse evento (texto em sentido estrito) ao seu contexto (texto em sentido amplo).

A construção dos fatos, como vimos, deriva não somente dos eventos, mas da atribuição de sentido conferida às ocorrências, de modo que cada intérprete realizará uma construção diferente. Um mesmo suporte físico pode gerar inúmeras construções linguísticas, por isso as divergências que se estabelecem na construção das normas, por não se tratar de processo mecânico.

Se os sentidos estivessem nos textos, bastaria ao sujeito ser alfabetizado, para aplicar o direito, fazendo conjugação entre realidade social e texto de lei para construir as normas. Muito diferente disso, a interpretação e aplicação do direito (tradução dos eventos e construção dos fatos jurídicos) depende de aspectos valorativos (limites do intérprete/aplicador) e dos positivos (limites dos textos jurídicos em sentido amplo, texto e contexto).

O contexto normativo se dá pela intertextualidade havida entre os diversos textos normativos componentes de uma mesma realidade jurídica, contribuindo na delimitação do sentido do fato produzido.

Essa *tradução* depende de dois corpos linguísticos: o da linguagem social e o da linguagem jurídica. A compra de um imóvel ocorre no contexto social, um evento, e será traduzido para a linguagem jurídica, formando fatos jurídicos de diferentes naturezas: (i) o registro público exigido nas formas da lei; (ii) os direitos de propriedade; (iii) a relação tributária com tributos devidos pela transmissão; como se vê, inúmeros recortes podem ser feitos de uma mesma ocorrência.

Encontra, a tradução, seu ponto alto de dificuldade quando busca por palavras cujo conteúdo não encontra similar na outra língua. Por mais que o uso de palavras seja próximo em duas línguas diferentes, as variações e formações de cada língua impedem uma tradução precisa.

O exemplo da famosa frase de Shakespeare, elaborada originalmente na língua inglesa: *to be, or not to be,* historicamente traduzida para a língua portuguesa como *ser ou não ser*, vem sendo questionada por inúmeros estudiosos da poética, propondo novas possibilidades de tradução, por entenderem ser mais adaptáveis ao texto de *Hamlet*, as referências *"estar ou não estar"* ou *"ser ou não estar"*, dado o contexto da peça.

Nota-se que, mesmo com a preservação do texto (em sentido estrito), a sociedade, em contínuo processo de evolução, pode, em dado momento, atribuir novos sentidos a antigos textos. A manutenção, nesse caso, é exclusiva da sintaxe, enquanto a semântica e a pragmática estão sujeitas a contínuas transformações, em caso de mudanças no contexto (texto em sentido amplo).

4.4.1 Intertextualidade e o processo de positivação

Incidência é o relato do evento social, em linguagem jurídica – a construção do fato jurídico –, para que o sistema do direito positivo altere a realidade social, juridicizando-a. Equivale à aplicação, de modo que, ao aplicar, o indivíduo interpretante cria novas normas.

A incidência das normas jurídicas requer a atuação humana, primeiro para relatar o evento ocorrido no mundo social, criando o fato, e depois para "encaixá-lo" nos moldes de norma individual e concreta, com a realização da subsunção, resultando na incidência e aplicação da norma, com a construção da norma concreta.

As definições de incidência e coincidência têm estrita relação com as características da lei a que se referem. A coincidência se liga à lei natural por essa ser uma mera descrição dos objetos naturais.

Se existe a previsão de uma lei natural de que "a chuva molha o chão", toda vez que ocorrer o fenômeno natural da chuva vai existir uma coincidência com a referida lei natural. Premissa e conclusão estão inseridas no mesmo plano da realidade.

Já a incidência traz consonância com as leis jurídicas, pelo fato de que existe uma realidade (a do direito) incidindo sobre outra realidade (a social) para fazer nascer o fato jurídico. São realidades distintas que se unem com um fim específico, entretanto uma não chega a "tocar a outra". Nas lições de Paulo de Barros Carvalho,

> [...] o fenômeno da incidência normativa opera, pois, com a descrição de um acontecimento do mundo físico-social, ocorrido em condições determinadas de espaço e de tempo, que guarda estreita consonância com os critérios estabelecidos na hipótese da norma geral e abstrata. Na norma geral e abstrata, temos enunciado conotativo; em outro, na norma individual e concreta, um enunciado denotativo. Ambos com a prescritividade inerente à linguagem jurídica.[145]

A norma individual e concreta deriva da incidência/aplicação da norma geral e abstrata, que se dá pelo acontecimento no mundo concreto da situação prevista na norma geral e sua versão em linguagem competente, individualizando os sujeitos de direito em relação.

Essa tomada de posição contraria a de Pontes de Miranda, tendo a incidência não como automática e infalível, mas dependente da vontade humana; da aplicação da norma geral e abstrata, sobre a realidade social.

Compete exclusivamente à aplicação a capacidade de instalar o vínculo, concretamente, entre hipótese e consequência, ou seja, entre ocorrência no mundo fenomênico de situação prevista na hipótese de norma geral e abstrata e a relação jurídica entre sujeito ativo e sujeito passivo. Caso não haja o relato dessa ocorrência em linguagem competente, a relação jurídica não se instalará, não haverá criação da norma individual e concreta, porque essa não ingressará no sistema jurídico.

145. *Direito tributário* – Linguagem e método cit., p. 146.

Para Paulo de Barros Carvalho,

> [...] aplicar o direito é dar curso ao processo de positivação, extraindo de regras superiores o fundamento de validade para a edição de outras regras. É o ato mediante o qual alguém interpreta a amplitude do preceito geral, fazendo-o incidir no caso particular e sacando, assim, a norma individual.[146]

A partir dessa lição, podemos dizer que aplicação do direito equivale à incidência, visto que a aplicação somente se concretiza com a subsunção do fato à norma. Nesse processo, as normas gerais e abstratas cumprem a função conotativa da linguagem, estabelecendo os critérios que o fato deve possuir para se encaixar em sua regra, para se tornar jurídico. E, por seu turno, as normas individuais e concretas, apontam para as situações definidas nas normas gerais e se caracterizam como elementos denotativos daquela classe, criada pela conotação das normas gerais e abstratas.

É o processo de positivação atividade dialógica entre normas de diferentes graus de hierarquia e concreção, conforme bem assevera Tercio Sampaio Ferraz Jr.: "o direito não é apenas um discurso *sobre* normas, mas é ele próprio, normativo. Daí o caráter normativo da sua dialogicidade, no sentido de que estamos, no plano jurídico, obrigados a dialogar".[147]

Para haver comunicação da mensagem jurídica geral e abstrata é necessário, portanto, o fenômeno da incidência, que é a percussão da norma, por meio da juridicização do acontecimento do mundo da experiência social, fazendo propagar os efeitos peculiares na disciplina das condutas interpessoais.

A imposição normativa se apresenta de duas formas diferentes: (i) nas normas gerais e abstratas, quando a vontade do legislador é manifestada por textos projetados para o futuro e não fazem qualquer referência a acontecimentos, portanto

---

146. *Curso de direito tributário* cit., p. 94.

147. *Direito, retórica e comunicação* cit., p. 68.

por signos do tipo símbolo; e (ii) nas normas individuais e concretas, que, fazendo referência a situações tidas por concretizadas, seus eventos, se apresentam como indiciárias, ou mesmo em relação à classe das normas gerais e abstratas, são relações icônicas.

Assim, a incidência seria a exata conjugação dos aspectos trazidos pela linguagem simbólica apresentada na norma geral e os *indícios* da realidade. A incidência se dá pela intertextualidade entre os diplomas normativos e os suportes fácticos com quem mantém ligação. Recorrendo aos estudos semióticos, o processo de incidência/aplicação normativa pode ser descrito sob os aspectos:

(i) *sintático*, a análise da subsunção (delimitação dos fatos e das respectivas relações jurídicas dele decorrentes) e da imputação (vinculação do fato à relação jurídica);

(ii) *semântico*, escolha dos fatos que se encaixam nos moldes da norma geral e abstrata, caracterizando a denotação, ao selecionar os fatos sociais por se enquadrarem nos preceitos da norma, conforme ensina Clarice von Oertzen de Araújo: "A operação de subsunção e incidência de uma norma inicia-se sob o domínio do eixo paradigmático, numa identificação de similaridades entre o real e a representação contida na hipótese normativa.";[148] e

(iii) *pragmático*, equivalente à eficácia das normas, considerando que somente é eficaz a norma que atinge seu objetivo, ou seja, condicionar as condutas nela previstas, cujo processo inicia com a interpretação da linguagem social e da linguagem jurídica e culmina na produção de outra norma, agora individual e concreta.

À medida que o sistema impõe a determinados sujeitos o dever de aplicar o direito, essas normas que lhe servirão de base serão pelo sujeito interpretadas. O resultado dessa interpretação será a produção de novas normas, inseridas no

148. *Semiótica do direito*. São Paulo: Quartier Latin, 2005. p. 31.

sistema jurídico positivo, cujos limites serão postos pelo próprio sistema, como *regras do jogo*.

O direito é objeto cultural, impregnado de valores e movimentado a partir da ação do homem em sociedade, por consequência, sua aplicação também. Para ocorrer a incidência normativa, faz-se necessário o relato de evento em linguagem determinada pelo direito, feito por um indivíduo, para que a norma correspondente àquele fato possa ser aplicada.

O princípio da legalidade demonstra perfeitamente a necessidade da linguagem nos moldes *da lei*, afirmando ser a imposição de obrigações limitada ao previsto: sem linguagem competente "ninguém será obrigado a fazer ou deixar de fazer."[149] A moldura que se busca na lei deve ser completa. Ao fato jurídico, especialmente o tributário, não se pode falar em incidência normativa estando ausente ao menos um de seus requisitos, exigidos pela norma geral.

Especialmente no que concerne aos diplomas penal e tributário, há uma exigência de que a incidência da norma ocorra exclusivamente, acaso sejam atendidas determinadas formalidades. É a chamada tipicidade tributária, a que alude Alberto Xavier: a norma tributária "deve conter em si todos os elementos da valoração dos fatos e produção de efeitos, sem carecer de qualquer recurso a elementos a ela estranhos [...]".[150]

A abertura presente na interpretação diz respeito à interpretação, mas necessariamente o aplicador deverá partir do texto. As dificuldades se mostram no tocante à valoração atribuída aos textos de lei, como demonstrado por Ricardo Lobo Torres:

> [...] os positivismos tentaram, através da teoria da lei material, dar conteúdo específico às normas baixadas pelo legislador, mas não o conseguiram, pois o Direito Tributário, utilizando as

---

149. BRASIL. Presidência da República. Casa Civil. *Constituição da República de 1988* cit.

150. *Os princípios da legalidade e da tipicidade da tributação*. São Paulo: Revista dos Tribunais, 1978. p. 92.

> cláusulas gerais e os princípios indeterminados, não pode ter na lei formal o fechamento total dos seus conceitos.[151]

Como já salientamos, os fatos jurídicos (que compõem as normas concretas) dependem de valoração do indivíduo acerca do evento e de suporte normativo.

O aplicador, traduzindo a linguagem social, põe norma no ordenamento, podendo permanecer válida produzindo todos os seus efeitos, ou até que outra norma, produzida por aplicador cuja competência seja superior, retire sua validade, mediante a criação de outra norma.

Tudo isso em virtude da impossibilidade de a norma geral enumerar todos os acontecimentos por ela previstos, determinando que o aplicador realize nova interpretação a cada norma criada. Não há como conceber o fechamento absoluto dos tipos ou dos conceitos, de modo que cada decisão deverá levar em conta todo o sistema jurídico, e não somente uma norma isoladamente posta.

---

151. *Curso de direito financeiro e tributário*. 9. ed. Rio de Janeiro: Renovar, 2002. p. 96.

5. INTERTEXTUALIDADE E O DISCURSO NORMATIVO EM MATÉRIA TRIBUTÁRIA

> *A palavra exerce decisivo poder sobre o acontecer futuro que logo se cumpre, de modo que a realidade é uma sequência e, pois, uma consequência da palavra.*
>
> Gerardo Mello Mourão[152]

Atualmente, as grandes discussões em matéria tributária levadas aos Tribunais Superiores versam sobre conflitos decorrentes da interpretação dos conceitos utilizados no gozo da competência para instituir e, principalmente, para cobrar tributos. Tais demandas decorrem tanto das diversas definições que se atribuem aos conceitos nos vários ramos do direito, como acontece entre direito tributário e direito privado, nos conceitos de serviço, receita, faturamento, folha de salário, propriedade, mercadoria e também dentro do próprio direito tributário, como mais recentemente se deu com a determinação do conceito de insumo para a incidência da contribuição PIS/COFINS, em muito diferindo daquele utilizado para a incidência do IPI.

Em matéria tributária, a regulação da intertextualidade se concentra apenas nos conflitos gerados por conceitos,

152. MOURÃO, Gerardo Mello. *A invenção do saber*. Belo Horizonte: Itatiaia, 1990. p. 139.

tendo em vista duas áreas diferentes do direito, no mesmo ordenamento,[153] pelo art. 110 do CTN,[154] determinando o respeito aos conceitos de direito privado quando esses forem previstos constitucionalmente, garantindo, assim, a distribuição de competências tributárias.

O referido preceito tem o intuito de controlar o uso da competência para aumento indiscriminado de receitas, com o alargamento dos conceitos utilizados determinantes do aspecto material dos tributos, buscando ser critério objetivo limitador da atividade estatal quando da elaboração das regras-matrizes dos tributos inseridos em sua competência. No julgamento do Recurso Extraordinário 166.772-9/RS, o Ministro Marco Aurélio manifestou-se nesse sentido: "o conteúdo político de uma Constituição não é conducente ao desprezo do sentido vernacular das palavras, muito menos ao do técnico, considerados institutos consagrados pelo Direito."[155] Nesse caso, a dificuldade está em especificar quais conceitos de direito privado foram determinados constitucionalmente, para atribuição das competências tributárias e como se dá esse processo. É o que tentaremos desenvolver deste ponto em diante.

A não contextualização da intertextualidade é responsável pelos grandes questionamentos jurídicos que tenham em foco conceitos vagos. Muito embora se sustente, a todo instante, a

---

153. No item 2.2.3 do presente trabalho afirmamos ser o direito um sistema único, cuja divisão se apresenta com fins exclusivamente didáticos. Não se pretende aqui contradizer tal afirmação, mas apenas confirmá-la, visto ser o direito um corpo único de linguagem, mas que, por ser prescritivo, está regulado pela lógica deôntica, submetendo suas proposições aos valores de validade e invalidade e permitindo, com isso, a presença de contradições em seu interior, o que não se poderia conceber com a Ciência do Direito.

154. Art. 110 do CTN: "A lei tributária não pode alterar a definição, o conteúdo e o alcance de institutos, conceitos e formas de direito privado, utilizados, expressa ou implicitamente, pela Constituição Federal, pelas Constituições dos Estados, ou pelas Leis Orgânicas do Distrito Federal ou dos Municípios, para definir ou limitar competências tributárias".

155. BRASIL. Supremo Tribunal Federal. *Recurso Extraordinário 116.121-3/SP*. Relator: Ministro Marco Aurélio. Julgamento: 11 out. 2000. Órgão julgador: Tribunal Pleno. Publicação: *DJU* 25 maio 2001, p. 17.

unicidade sistêmica, num mesmo ordenamento grande parte da confusão interpretativa decorre do *mau uso* dos termos. Entretanto, a definição, muitas vezes não é capaz de dar solução ao problema da aplicação, mas a garantia, nesse caso, vem das regras de legitimação de que a decisão fez uso. Isso porque, apesar de que a finalidade do direito seja a garantia da paz social, mediante o acatamento de suas normas por toda uma sociedade, as regras necessárias a esse fim voltam-se aos mais diversos campos sociais, estes informados por outros sistemas, muitas vezes, totalmente estranhos uns aos outros.

Assim é com o direito tributário, restringindo aqui a pesquisa ao nosso foco, cujas normas voltam-se aos direitos de família, quando a incidência tributária recai sobre a transferência de bens por sucessão, percorrendo até o outro extremo social, ao regular as formas de tributação de patrimônio que se encontre no exterior, por exemplo, adequando o ordenamento pátrio às tendências e necessidades de ordem internacional. Nesse contexto, quantos e quais valores são levados em conta para a construção dessas ordens? Resposta para essa indagação é impossível de se formular, isso em virtude de ser um sem-número de *realidades*, cada qual com suas necessidades e conceitos, previamente estabelecidos. O grande desafio do legislador, e mesmo do aplicador do direito, é conjugar todos esses interesses, num mesmo campo, reduzindo ao máximo as contradições que dificultem o acatamento das normas.

São recortes feitos sobre uma mesma realidade, que é o fato social, podendo ensejar a construção de múltiplos fatos jurídicos. A compra e venda realizada entre dois sujeitos terá repercussão tanto nas normas de direito civil, no que tange aos direitos de propriedade, quanto no direito tributário, pela demonstração de capacidade contributiva, ensejadora do tributo que recai sobre a transmissão de bens. A cada modalidade de compra e venda, irão variar as incidências normativas, tanto as civis quanto as tributárias.

Luís Eduardo Schoueri reflete sobre essa influência dentro do mesmo ordenamento, indicando possível forma de solução de conflitos:

> [...] hoje é consenso na doutrina que o Direito Tributário e o Direito Civil são partes de uma única ordem jurídica, o que implica que os princípios fundamentais do Direito Civil sejam respeitados pelo Direito Tributário, ao mesmo tempo em que não se admite que o primeiro se sobreponha aos princípios fundamentais do último.[156]

Caberá, portanto, ao Estado-Juiz, na prestação da tutela jurisdicional, determinar os valores que aquela ordem pretendeu imprimir ao sistema, proferindo uma decisão que diz qual é a interpretação que se deve dar ao caso. Esse ato deriva de um processo dialógico entre a situação fática e o sistema normativo, colocando fim ao conflito, mas que não tem o compromisso de corresponder a uma verdade, e sim de determinar o modo como *devem-ser* as condutas.

Outra questão responsável por inúmeras lides está ligada ao processo de legitimação das decisões, visto que esse processo também esteja sujeito à análise normativa. Isso porque a competência para *dizer o direito* é atribuída a determinados entes, muito embora essa atividade esteja vinculada ao próprio sistema, e com ele necessita ser coerente. Clarice von Oertzen de Araújo aborda o assunto com clareza:

> Quando ocorre um questionamento concreto da legalidade das relações jurídicas assim estabelecidas, decisões judiciais frequentemente são proferidas em prestígio aos valores políticos, fazendo com que a imperatividade de uma ou várias normas ocorra segundo um critério semântico/pragmático, cuja sintaxe não corresponde à previsão genérica da ordem jurídica. Estes fenômenos provocam a dúvida e forçam a elaboração de reflexões sobre o sistema. Muitas vezes o resultado produzido é a reformulação ou a proposta de novas definições, considerando a possibilidade de falhas ou desvios dos critérios previamente estabelecidos para o estabelecimento das relações jurídicas.[157]

---

156. SCHOUERI, Luís Eduardo. *Direito tributário*. São Paulo: Saraiva, 2011. p. 613.

157. *Semiótica do direito* cit., p. 16-17.

Não se pretende afirmar a ausência de argumentos políticos das decisões jurídicas, próprios dos Tribunais Superiores; o que se deve ter como parâmetro, todavia, é que esse politicismo deve corresponder à medida imposta pelo sistema normativo, não podendo ser extrajurídico, muito menos antijurídico.

5.1 Direito tributário *vs.* direito privado – a divergência entre normas gerais e abstratas

Como dissemos linhas atrás, a realidade jurídica incide sobre a realidade social, mas com ela não coincide. Dessa afirmação, podemos formular o raciocínio de que os conceitos jurídicos podem ser não somente mais abrangentes ou restritivos que os sociais, como ainda poderão deles divergir: eis a autonomia da linguagem jurídica!

Do mesmo modo essa divergência poderá ocorrer internamente, ou seja, no universo do direito positivo, considerado aqui um dado ordenamento, que regula as ações de uma sociedade, historicamente situada no tempo e no espaço, sobre o qual não há como se garantir a ausência de contradição.[158]

Luís Eduardo Schoueri é pontual ao fazer refletir sobre o tema: "hoje, entende-se caber ao intérprete verificar se o legislador levou em conta, ou não, a estrutura de direito privado, na definição da hipótese tributária. O legislador é livre para se vincular, ou não, às formas daquele."[159]

A grande questão, ao se refletir acerca da intertextualidade existente entre os textos de direito privado e de direito tributário, concentra-se exatamente neste ponto: como se dá essa vinculação? E quais são seus limites?

Sabemos que as palavras são representações de outras palavras, é o aspecto semântico da linguagem que observa e

---

158. Visto ser a linguagem jurídica predominantemente prescritiva de condutas, e não descritiva da realidade social, não sendo submetida à lei lógica da não contradição.

159. SCHOUERI, Luís Eduardo. *Direito tributário* cit., p. 614.

ordena essas relações. Sendo o direito positivo um corpo linguístico que, para existir, utiliza-se de termos da língua portuguesa e, em alguns casos, até de línguas estrangeiras,[160] cujo núcleo de sentido já se encontra incorporado à sociedade, tradicionalmente o sentido dos seus termos será aquele mesmo utilizado na linguagem social. Até aí não há grande polêmica. O problema inicia quando a atribuição de sentido dos textos jurídicos envereda para definições completamente díspares das tradicionais.

Nesses casos, em que o legislador não queira se utilizar do sentido "comum" ou "vulgar" concernente a um conceito, este (o legislador) deverá fazer a ressalva. Isso implica afirmar não haver uma atribuição de sentido diferente do tradicional, seja ele mais restritivo ou ampliativo, que se dê de forma implícita.

De igual modo acontece dentro do mesmo ordenamento jurídico. Um conceito é utilizado diversas vezes, com funções muito distintas em cada caso. Um exemplo é o termo *personalidade jurídica*, cuja regulação se dá pelo direito civil; especificamente, o art. 985 do Código Civil prescreve: "A sociedade adquire personalidade jurídica com a inscrição, no registro próprio e na forma da lei, dos seus atos constitutivos (arts. 45 e 1.150)". Significa que, para a prática de qualquer ato, para que seja considerada uma *pessoa jurídica*, deverá seu representante cumprir com as exigências formais impostas pela lei.

---

160. "O fato de uma decisão judicial conter trechos escritos em língua estrangeira não justifica a sua anulação. Ainda que o art. 156 do Código de Processo Civil estabeleça que é obrigatório, no processo, o uso da língua nacional, é preciso verificar se as passagens em outro idioma prejudicaram a compreensão das partes quanto à fundamentação do julgador. Com esse entendimento, a 3ª Turma do Tribunal Superior do Trabalho não conheceu de recurso de revista da Caixa Econômica Federal (CEF) que contestava a decisão do Tribunal Regional do Trabalho da 3ª Região (MG) com trechos em inglês e espanhol em processo de ex-empregado da empresa com pedido de créditos salariais após ser demitido sem justa causa. A CEF argumentou que o conhecimento de língua estrangeira não faz parte do currículo dos cursos jurídicos ou do exame da Ordem dos Advogados do Brasil. Portanto, o advogado não está obrigado a saber outras línguas" (BRASIL. Tribunal Superior do Trabalho. Trechos em língua estrangeira não invalidam decisão judicial. *Notícias do Tribunal Superior do Trabalho*. 21 set. 2011. Disponível em: encurtador.com.br/acvQ2. Acesso em: 29 set. 2011, p. E1).

Já para outras searas do direito, esse requisito formal em nada impede sua classificação como pessoa jurídica, caso por ela sejam praticados atos abusivos contra consumidores de seus produtos e/ou serviços, como fica patente no art. 3º do Código de Defesa do Consumidor:

> [...] fornecedor é toda pessoa física ou jurídica, pública ou privada, nacional ou estrangeira, bem como os *entes despersonalizados*, que desenvolvem atividade de produção, montagem, criação, construção, transformação, importação, exportação, distribuição ou comercialização de produtos ou prestação de serviços[161] (grifos nossos).

Desse modo, os atos praticados por esses entes ditos despersonalizados, em vez de serem desconsiderados, em virtude do vício em sua constituição, serão equiparados àqueles praticados pelas pessoas regulares, para garantia de valor maior, no caso configurado o direito do consumidor. É pela conclusão de Misabel Abreu Machado Derzi, ao lecionar:

> [...] existem determinadas condições historicamente dadas, desenvolvem-se outros acoplamentos estruturais, entre direito, política e economia (o que não ocorrerá da mesma forma e com a mesma intensidade em todos os lugares). Por meio dos conceitos de propriedade, liberdade contratual e direito das empresas, abrem-se para a economia possibilidades diretas de dispor do Direito e, com isso, mobilizar o poder político.[162]

A partir da análise dessa divergência encontrada no nosso ordenamento, podemos concluir sobre a possibilidade de um conceito sofrer variações de abrangência, em virtude dos valores que pretende proteger.

---

161. BRASIL. Presidência da República. Casa Civil. Lei 10.406, de 10 de janeiro de 2002. Institui o Código Civil. Disponível em: encurtador.com.br/MOSTW. Acesso em: 29 set. 2011.

162. *Modificações da jurisprudência no direito tributário* cit., p. 38-39.

5.1.1 Aspectos relevantes sobre a competência tributária

Podemos definir competência tributária como a autorização constitucionalmente conferida às pessoas políticas de direito interno para produzir norma jurídica em matéria tributária, em caráter inaugural. Paulo de Barros Carvalho a define como a "aptidão de que são dotadas as pessoas políticas para expedir regras jurídicas, *inovando* o ordenamento positivo".[163]

Para Roque Antonio Carrazza, competência identifica-se com a faculdade de editar leis que criem, *in abstracto*, tributos.[164] Essa definição, sucinta e precisa, ainda demonstra uma das características do instituto, que estudaremos adiante.

Temos que essa aptidão possa ser exercida para três finalidades: (i) para instituir princípios que incidam sobre a atuação tributária; (ii) instituir tributos, nessa classe incluídas as normas que traçam a regra-matriz de incidência tributária, as normas isentivas e as que estabelecem sanções; e (iii) as que fixam providências administrativas, como as de lançamento e de deveres instrumentais.

As normas de competência se apresentam como normas de estrutura (utilizando aqui a divisão das normas entre: de estrutura, aquelas voltadas à criação de outras normas, e de comportamento, as que forem diretamente relacionadas aos indivíduos da sociedade), visto que suas ordens são voltadas ao legislador infraconstitucional, que é a pessoa responsável (mediante adoção de procedimento previsto no ordenamento) para inovar o campo de atuação tributária, ou seja, para instituir tributos.

Nesse ponto é importante frisar que, quando aludimos à *faculdade* de inovar o ordenamento jurídico, afirmamos ser a competência modalizada como permitida, sendo três as possibilidades de modalização de condutas: obrigatória, proibida e

---

163. *Curso de direito tributário* cit., p. 237.

164. CARRAZZA, Roque Antonio. *Curso de direito constitucional tributário*. 26. ed. São Paulo: Malheiros, 2010. p. 512.

permitida. Tem, portanto, a pessoa política de direito público a permissão de inovar ou não o ordenamento jurídico, no que concerne à realidade tributária, respeitados, por óbvio, os limites constitucionais.

Ocorrem, entretanto, exceções no modo como a competência é tratada, como no caso do ICMS, em que os Estados estão obrigados a instituí-lo, em virtude do caráter nacional desse tributo. Nessa situação, o legislador estatal terá o dever jurídico de promover a instituição do tributo e não o direito subjetivo.

No caso da Lei de Responsabilidade Fiscal, que veda a transferência de recursos a entes que deixem de instituir tributos de sua competência, como se trata de uma permissão concedida a esses entes, não se pode admitir que a vedação seja caracterizada como sanção pela não utilização da competência, mas, fazendo o raciocínio inverso, a referida lei estabelece um benefício para aqueles entes que fizerem uso de sua competência.

A rigidez e clareza na distribuição de competências tributárias feita pela Carta Magna garantem a harmonia entre os entes políticos, que são autônomas e garantidas pela Constituição. O próprio pacto federativo, que estabelece isonomia e independência entre os entes é garantido pela distribuição de competência tributária.

A competência sofre limitações no exercício da sua atividade. O primeiro limite a que fazemos alusão é o imposto pelas próprias normas de competência, elaboradas pelo legislador constituinte, delimitando e traçando os contornos da competência de cada ente político, no campo tributário. O primeiro faz referência imediata à RMIT, estabelecendo quem pode ser tributado, sobre qual justificativa, ou seja, traçando, mesmo que de forma implícita, a norma-padrão de incidência tributária. O segundo, e não menos importante, refere-se à obediência aos princípios constitucionais estritamente ligados à atividade legislativa em matéria tributária e seu contexto jurídico.

Nesse sentido, importante é a lição de Andréa Medrado Darzé:

> [...] a hipótese da norma de competência descreve as notas da autorização para editar tributos, o que compreende: *i.* a indicação de quem pode criá-lo, *ii.* mediante que procedimento, *iii.* em quais situações espaço e tempo e, igualmente, *iv.* sobre que específico conteúdo pode tratar.[165]

A Constituição é a responsável pelo estabelecimento das competências, como vimos, mas não exerce ela, diretamente, a função de instituir tributos; essa é atribuição dos legisladores infraconstitucionais.

A competência antecede a própria criação do tributo, se prestando exclusivamente a traçar as características inerentes à produção legislativa inconstitucional, mas não a realiza diretamente.

5.1.2 Os conceitos de receita bruta e faturamento e a revogação por inconstitucionalidade do § 1º do art. 3º da Lei 9.718/1998

Com o advento da Lei 9.718/1998, especialmente no que concerne à incidência da contribuição ao PIS/COFINS, instaurou-se grande discussão acerca dos conceitos de receita bruta e faturamento, visto constar em seu art. 3º, § 1º, a pretensão da referida lei em equiparar ambos os conceitos, para fins de abarcar como situação tributável toda a receita bruta das pessoas jurídicas sujeitas ao pagamento do tributo, conforme se pode verificar pela leitura do dispositivo: "Entende-se por receita bruta a totalidade das receitas auferidas pela pessoa jurídica, sendo irrelevantes o tipo de atividade por ela exercida e a classificação contábil adotada para as receitas".[166]

---

165. *Responsabilidade tributária*: solidariedade e subsidiariedade cit., p. 34.

166. BRASIL. Presidência da República. Casa Civil. Lei 9.718, de 27 de novembro de 1998. Altera a Legislação Tributária Federal. Disponível em: encurtador.com.br/fxCES. Acesso em 29 set. 2011.

A celeuma foi levada até a mais alta corte do Poder Judiciário, por inúmeros processos que visavam à declaração de inconstitucionalidade do dispositivo, com a justificativa de ser o faturamento um conceito de direito privado, especialmente falando aqui do direito comercial, acolhido pela Constituição da República para repartir a competência tributária entre seus entes, mais especificamente no que tange à competência da União Federal para instituir contribuições sociais para o financiamento da seguridade social.[167]

Importante frisar ainda sobre a alteração sofrida por tal dispositivo constitucional, pela Emenda Constitucional n. 20, também no ano de 2008, entretanto após a edição da Lei 9.718.[168] Antes do advento da referida EC, o texto constitucional trazia exclusivamente – no que se refere ao tema em questão – a possibilidade de incidência da contribuição para custeio da seguridade social sobre faturamento, implicando tal modificação no alargamento da competência tributária da União.

Nesse caso, dois pontos são igualmente importantes de levantar: (i) receita bruta e faturamento são termos equivalentes? (ii) onde encontramos a definição de cada um desses termos?

5.1.2.1 Receita bruta e faturamento como conceitos jurídicos

Como visto em capítulo dedicado ao tema, o direito, como linguagem autônoma que é, constrói seus próprios conceitos, importando dos outros sistemas suas definições ou criando

---

167. "Art. 195. A seguridade social será financiada por toda a sociedade, de forma direta e indireta, nos termos da lei, mediante recursos provenientes dos orçamentos da União, dos Estados, do Distrito Federal e dos Municípios, e das seguintes contribuições sociais:
I – do empregador, da empresa e da entidade a ela equiparada na forma da lei, incidentes sobre: [...]
b) a receita ou o faturamento;"

168. Por estar fora do objeto desse trabalho, não desenvolveremos tópico para tratar de uma possível repristinação da Lei 9.718, em virtude da edição da EC 20; entretanto, registramos nosso posicionamento, que é em total desfavor do instituto, visto que, no ordenamento jurídico brasileiro, não há a previsão de procedimento que permita a *constitucionalização* de uma lei.

sentido diverso para eles: é a linguagem do direito na função fabuladora, tendo o legislador como criador, equiparando-o ao *poeta*, visto se comportar em tais situações como inovador por excelência da realidade jurídica.

Nas situações em que o legislador inova a realidade jurídica não somente por inserir em seu ambiente novas normas, que se voltam à prescrição de condutas, mas, também, alterar a realidade social, independentemente de haver nela um consenso relativo aos seus conceitos, a interpretação dos textos normativos se mostra facilitada. Podemos citar como exemplos a classificação dos brasileiros entre natos e naturalizados, feita pelo art. 12 da Carta Constitucional,[169] ou a redução da idade para atingimento da maioridade civil de vinte e um para dezoito anos, estipulada pelo novo Código Civil, em seu art. 5º.[170] Nesses casos, mesmo havendo uma tendência a reconhecer socialmente outros critérios distintivos de brasileiros e estrangeiros ou de maiores e menores de idade, o direito prescreve, por meio de critérios conotativos, as regras de inclusão nas respectivas classes.

---

169. "Art. 12. São brasileiros:
I – natos:
a) os nascidos na República Federativa do Brasil, ainda que de pais estrangeiros, desde que estes não estejam a serviço de seu país;
b) os nascidos no estrangeiro, de pai brasileiro ou mãe brasileira, desde que qualquer deles esteja a serviço da República Federativa do Brasil;
c) os nascidos no estrangeiro de pai brasileiro ou de mãe brasileira, desde que sejam registrados em repartição brasileira competente ou venham a residir na República Federativa do Brasil e optem, em qualquer tempo, depois de atingida a maioridade, pela nacionalidade brasileira;
II – naturalizados:
a) os que, na forma da lei, adquiram a nacionalidade brasileira, exigidas aos originários de países de língua portuguesa apenas residência por um ano ininterrupto e idoneidade moral;
b) os estrangeiros de qualquer nacionalidade residentes na República Federativa do Brasil há mais de quinze anos ininterruptos e sem condenação penal, desde que requeiram a nacionalidade brasileira."

170. "Art. 5º A menoridade cessa aos dezoito anos completos, quando a pessoa fica habilitada à prática de todos os atos da vida civil."

Considerando os objetos isolados como indivíduos ou elementos, as classes são os agrupamentos desses indivíduos, levando-se em conta determinada propriedade. Sistema, como visto, pressupõe conjunto, na acepção das ciências matemáticas, mostrando-se imprescindível o uso da Lógica para estudo de sua estrutura, traçando os contornos desse conceito.

A lógica admite que toda função proposicional seja proprietária de uma variável representante de uma classe, tendo por elementos somente os objetos preenchedores da função proposicional imposta. Essa classe conterá todos os elementos que apresentem essa propriedade e nenhum outro. Desse modo, a toda propriedade de objetos corresponde uma classe univocamente determinada.

Desse modo, para duas classes serem consideradas iguais, ou seja, regidas pelo princípio lógico da identidade ($p \rightarrow p$),[171] todos os elementos inseridos em uma também devem estar presentes na outra classe, e o mesmo raciocínio se dá para os elementos que dela estejam excluídos.

Trazendo para a situação analisada, a receita bruta somente poderia ser utilizada para fins de incidência da contribuição social à Previdência Social acaso as situações abarcadas por esse conceito fossem *exatamente* as mesmas abarcadas pelo conceito de faturamento; entretanto, não é a conclusão obtida, quando feita sobre o assunto, em uma análise mais detida.

5.1.2.2 Definição jurídica dos conceitos de receita bruta e faturamento

A outorga de sentido aos textos jurídicos será sempre o resultado de atividade interpretativa e, como visto, embasada e limitada por seu contexto. Em matéria tributária, o próprio

---

171. Pela regra lógica da identidade, uma proposição implica sempre em si mesma ($p \equiv p$), ou seja, antecedente e consequente são idênticos, equivalentes. A partir da aplicação das regras lógicas, o intérprete mantém contato com o conhecimento do direito como sistema.

art. 110 do CTN salienta a preocupação em limitar o conteúdo da norma posta, que ignora o conceito de direito privado.

O Ministro Cezar Peluso apresenta os requisitos para a interpretação das ordens normativas, ao dizer: "quando não haja conceito jurídico expresso, tem o intérprete de se socorrer, para a reconstrução semântica, dos instrumentos disponíveis no próprio sistema do direito positivo, ou nos diferentes corpos de linguagem".[172] Eis o direcionamento e também a limitação oferecidos pelo próprio ordenamento na atividade de interpretação jurídica. Acrescentaríamos, com a devida vênia, apenas não ser a referida técnica limitada aos conceitos implícitos, mas inerente a toda atividade interpretativa a busca de sentido.

Referindo-se especificamente aos termos *receita bruta* e *faturamento* na legislação pátria, escassas eram suas aparições antes do advento das ECs 20 e 33. Havia, até então, apenas referências indiretas, na legislação complementar e ordinária.

Tais conceitos são (e eram à época da discussão) utilizados pela Constituição para divisão das competências tributárias, não podendo, desse modo, ser definidos ou ter seu alcance modificados pelo legislador derivado (infraconstitucional). Isso porque atribuir a esse legislador a possibilidade de ampliação dos conceitos de receita bruta e faturamento seria outorgar-lhes meios para alargar a competência tributária, e sabemos ser função essa exclusiva do legislador constitucional. Enfático, como de costume, José Artur Lima Gonçalves trata do tema, ao estudar a incidência e amplitude do imposto sobre a renda:

> Admitir o contrário implica conferir ao legislador infraconstitucional competência para bulir com o âmbito das próprias competências tributárias impositivas constitucionalmente estabelecidas, o que é – para quem aceita o pressuposto básico do escalonamento hierárquico da ordem jurídica, impossível.

---

172. BRASIL. Supremo Tribunal Federal. *Recurso Extraordinário 390.840/MG*. Relator: Ministro Marco Aurélio. Julgamento: 09 nov. 2005. Órgão julgador: Tribunal Pleno. Publicação: *DJ* 15 ago. 2006.

> A própria Constituição fornecerá, portanto, ainda que de forma implícita, haurível de sua compreensão sistemática, o conteúdo de renda por ela – Constituição – pressuposto.
>
> Não há outra solução lógico-sistemática para essa questão. Admitindo-se que é a Constituição que confere ao legislador infraconstitucional as competências tributárias impositivas, o âmbito semântico dos veículos linguísticos por ela adotados para traduzir o conteúdo dessas regras de competência não pode ficar à disposição de quem recebe a outorga de competência.
>
> A questão de direito, colocada, portanto, só pode ser compreendida e analisada em face das normas constitucionais que regem a matéria.[173]

Com isso, podemos afirmar que a Constituição pode não trazer definições para seus conceitos, como regra, mas, por representar o ponto mais alto do ordenamento jurídico, deverá apresentar corpo linguístico harmônico, proporcionar instrumental para que se definam os conceitos nela inseridos, mantendo-se discurso coerente e, por mais que não apresente definições expressas de seus conceitos, proporcionará ao intérprete, aplicador e ao legislador infraconstitucional os limites de uso de seus termos.

Assim baseou-se o Ministro Marco Aurélio ao proferir seu posicionamento: "No meu voto, parti da premissa de que a base de incidência já está definida na Carta da República, ou seja, o faturamento. E se já está definida na Constituição Federal, não há a exigibilidade do instrumental específico, que é a lei complementar".[174] Decorre desse raciocínio a impossibilidade de o legislador infraconstitucional abarcar na competência de tributar faturamento às receitas brutas, visto o próprio limite constitucional imposto, cujas classes contêm elementos diferentes, motivo pelo qual não se podem equiparar.

Essa foi a solução dada pelo Supremo Tribunal Federal ao decidir restringir o alcance do termo *receita bruta* para

173. *Imposto sobre a renda*. São Paulo: Malheiros, 1997. p. 170-171.

174. BRASIL. Supremo Tribunal Federal. *Recurso Extraordinário 390.840/MG* cit.

todas as demais exações que se utilizem do termo, garantindo a obediência aos limites da distribuição de competência dos ententes tributantes, fazendo menção à interpretação "conforme a Constituição".

Isso porque, mesmo considerando estar o direito explicitado por uma linguagem prescritiva, deverá manter o mais alto grau de coerência, garantindo, assim, sua função social de regular condutas, e não podendo sofrer modificações que atendam a interesses diferentes daqueles garantidos pelos princípios constitucionais, aqui destacados os da legalidade e da segurança jurídica, como bem ponderou o Ministro Celso de Mello: "A defesa da Constituição não se expõe, nem deve submeter-se, a qualquer juízo de oportunidade ou de conveniência, muito menos a avaliações discricionárias fundadas em razões de pragmatismo governamental".[175]

Disso não se conclui, todavia, pela impossibilidade de a União poder tributar *receita*, mas, para fazê-lo, é evidente, deverá guiar-se pelas regras impostas pela Constituição da República, isto é, o legislador constituinte atribuiu a ela (União) a competência para tributar as situações configuradas como receitas, entretanto o procedimento legislativo foi ignorado e não tem a Emenda Constitucional n. 20 condão para convalidar a Lei 9.718/1998. É o que afirma o Ministro Cezar Peluso: "Se a norma produzida antes da Constituição é com esta compatível, é recebida pelo novo ordenamento; se lhe é hostil, está revogada, ou, o que dá na mesma, perde seu fundamento de validez".[176] Com o advento da referida Emenda a competência da União fora constitucionalmente alargada, garantindo ao legislador ordinário a elaboração de nova exação que incluísse a receita bruta como hipótese de incidência tributária.

175. BRASIL. Supremo Tribunal Federal. Recurso Extraordinário 390.840/MG cit.

176. Ibidem.

5.2 Dualidade de definições – variações de sentido dos conceitos conforme o contexto

Há no direito, como advertimos antes, a presença de conceitos com aplicações variáveis, cujo núcleo semântico se apresenta comum, mas sofrendo adaptações de acordo com o ramo de sua aplicação. Apresentam, portanto, similitudes em seu sentido de base, permitindo que tenham o mesmo termo como significado, prescindindo, todavia, de classificação em virtude da área para a qual se destina, conforme preceitua Juliano Maranhão:

> Compreender o significado de uma palavra implica dominar a habilidade de usá-la nas situações apropriadas e tal domínio somente pode ser alcançado a partir do comportamento, governado por regras, daqueles que usam a língua. O significado de uma palavra é dado, assim, pelas condições que legitimam seu uso em uma comunidade linguística.[177]

A presença de conceitos com significados variantes dentro do mesmo ordenamento se dá pela forma como a intertextualidade se apresenta no sistema jurídico, e não o torna inconsistente.

A consistência do ordenamento jurídico é conferida pela possibilidade de uma norma para cada conduta: se obrigatória, não pode ser proibida; se permitida de não fazer, não pode ser obrigatória de fazer. A logicidade do discurso normativo está na regulação de condutas e não de univocidade de sentido.

De modo que o direito tributário goza de autonomia para definir conceitos, de forma diferente do direito privado, que sejam alvo da atividade tributária, desde que não conflitem com aqueles impostos por normas hierarquicamente superiores, como ocorre com as regras que distribuem competência.

---

177. Como superar contradições normativas que não existem? In: HARET, Florence Cronemberger; CARNEIRO, Jerson (Coord.). *Vilém Flusser e juristas*. São Paulo: Noeses, 2009. p. 516.

Assim, passaremos a expor alguns exemplos de conceitos utilizados de formas diversas, variando de acordo com o subdomínio jurídico a que se referem, para demonstrar como o contexto influencia nas relações intertextuais entre as normas, colacionando, ao final de cada tópico, decisão jurídica reconhecendo as dissemelhanças.

5.3 Direito tributário *vs.* direito tributário – uso diverso do mesmo conceito nas normas tributárias – a questão do insumo

Na sistemática da tributação, há tributos incidentes em uma operação,[178] como aqueles sobre a propriedade (IPVA, IPTU) e outros dependentes de uma série de etapas anteriores, para que possam ser exigíveis, como aqueles decorrentes da produção ou das receitas de uma empresa (IPI, PIS/COFINS, ICMS).

Aos tributos incidentes sobre atividades decorrentes de etapas, criou o legislador constitucional o princípio da não cumulatividade, intentando onerar apenas a materialidade daqueles tributos, reduzindo os tributos pagos nas etapas anteriores.

5.3.1 O princípio da não cumulatividade

Princípios constitucionais se apresentam ora como valores, ora como limites objetivos, que refletem as necessidades da sociedade, positivadas no ordenamento jurídico. Paulo de Barros Carvalho[179] classifica os formatos que os princípios podem

---

178. Há quem classifique os tributos em diretos e indiretos, em virtude da assunção do ônus tributário: diretos para aqueles em que o sujeito passivo e contribuinte sejam a mesma pessoa, ou seja, quem efetivamente arca ônus; e indireto para os tributos cujo recolhimento é realizado pelo sujeito passivo da RMIT, embora a repercussão financeira seja repassada ao "consumidor" do produto ou serviço, classificação da qual não somos partidários por pautar-se em argumentos estranhos à realidade jurídica, argumentos da seara econômica.

179. *Direito tributário* – Linguagem e método cit., p. 274.

apresentar: (i) como norma jurídica de posição privilegiada com elevada carga valorativa e, por conseguinte, posição hierárquica privilegiada no sistema jurídico; (ii) como norma jurídica de posição privilegiada que estipula limites objetivos; (iii) como os valores insertos em regras jurídicas de posição privilegiada, mas considerados independentemente das estruturas normativas; e (iv) como limite objetivo estipulado em regra de forte hierarquia, tomado, porém, sem levar em conta a estrutura da norma. Apresentam-se tanto na implicitude do texto do direito positivo, pelo seu contexto, como ocorrem nos casos da isonomia tributária e da segurança jurídica; em alguns casos, fazem parte dos enunciados, como a legalidade e a anterioridade.

Paulo de Barros Carvalho trata da função do termo *princípio* com muita clareza, dizendo que é usado

> [...] para denotar as regras de que falamos, mas também se emprega a palavra para apontar as normas que fixam importantes critérios objetivos, além de ser usada, igualmente, para significar o próprio valor, independentemente da estrutura a que está agregado e, do mesmo modo, o limite objetivo sem a consideração da norma.[180]

Como valores, os princípios se apresentam como o fim último do sistema, a que estão submetidas todas as demais normas. Ocupam o patamar mais alto do ordenamento jurídico. Já como limites objetivos, os princípios são postos para atingir determinados ideais, não se apresentam como valores, mas têm a finalidade de atingi-los, realizá-los, de forma indireta e imediata, que é o que ocorre com o princípio da irretroatividade e da anterioridade, e com o que ora estudamos, o da não cumulatividade.

Colacionando novamente as lições de Paulo de Barros Carvalho, apresentamos sua definição para o princípio da não cumulatividade:

> É um "limite objetivo", mas que se verte, mediatamente, à realização de certos valores, como o da justiça da tributação, o do

180. *Direito tributário* – Linguagem e método cit., p. 273.

> respeito à capacidade contributiva do administrado, o da uniformidade na distribuição da carga tributária, etc.
>
> Apresenta-se como técnica que opera sobre o conjunto das operações econômicas entre os vários setores da vida social, para que o impacto da percussão tributária não provoque certas distorções já conhecidas pela experiência histórica [...].[181]

A não cumulatividade funciona para determinar o montante a ser recolhido de um tributo, gravando "apenas a riqueza agregada pelo contribuinte ao bem ou serviço", conforme ensina André Mendes Moreira.[182]

Várias técnicas são aceitas pelo ordenamento jurídico para afastamento da cumulação tributária, sendo as mais comuns a de adição e subtração diretas e indiretas, assunto sobre o qual não nos deteremos por não ser objeto de nossas investigações.

Independentemente da técnica adotada, a não cumulatividade não permite a exclusão de nenhum negócio incidente das cadeias anteriores, acrescendo à base de cálculo do tributo apenas a diferença obtida na etapa anterior da cadeia. Isso, buscando onerar apenas a *materialidade*[183] do tributo em questão: se o tributo é o IPI, a oneração somente pode recair sobre o produto final; se o tributo é a contribuição para o PIS/COFINS, a oneração é exclusivamente das receitas. Será a partir da materialidade do tributo em questão que a sistemática da não cumulatividade vai variar, daí as diversas modalidades de apuração presentes no ordenamento. Entre as situações previstas nessa sistemática, capazes de gerar crédito nas etapas futuras, estão os insumos, causando controvérsias na sua identificação, conforme veremos a seguir.

---

181. *Direito tributário* – Linguagem e método cit., p. 335.

182. *A não-cumulatividade dos tributos*. São Paulo: Noeses, 2010. p. 61.

183. A materialidade é um dos conceitos contidos na regra-matriz de incidência tributária, cuja função é a de descrever uma ação humana possível e não necessária, representando uma riqueza, que poderá ser realizada por uma pessoa física ou jurídica, em que se pode caracterizar o fato jurídico tributário realizado, sobre qual incidirá o tributo.

5.3.2 Sobre o insumo

Insumo configura tudo aquilo que se utiliza tendo como finalidade o produto ou serviço, objeto da atividade empresarial. Conforme a definição de Eduardo Marcial Ferreira Jardim, seguindo a semântica de Antonio Houaiss, insumo deriva de

> [...] *input*, designativa de tudo aquilo que entra, conjugada com o vocábulo pátrio "consumo". A expressão situa-se no plano da economia e indica os elementos destinados à industrialização, comercialização e prestação de serviços, a exemplo da matéria-prima, equipamentos, capital, mão de obra e energia, entre outros componentes ligados à produção de bens ou serviços.[184]

O ordenamento jurídico também realiza definições estipulativas de insumo, de acordo com o tributo em questão:

(i) No que se refere à contribuição ao PIS/COFINS, conforme o art. 3º, II, das Leis 10.637/2002 e 10.833/2003:

> Art. 3º Do valor apurado na forma do art. 2º a pessoa jurídica poderá descontar créditos calculados em relação a:
>
> [...]
>
> II – bens e serviços, utilizados como insumo na prestação de serviços e na produção ou fabricação de bens ou produtos destinados à venda, inclusive combustíveis e lubrificantes, exceto em relação ao pagamento de que trata o art. 2º da Lei 10.485, de 3 de julho de 2002, devido pelo fabricante ou importador, ao concessionário, pela intermediação ou entrega dos veículos classificados nas posições 87.03 e 87.04 da TIP.

São considerados como insumo, na incidência da PIS/COFINS, os bens e serviços utilizados na atividade empresarial, a menos que o legislador estipule exceção à aquisição desses créditos, visto dever levar em conta, como dito, a materialidade das referidas contribuições, configurada pelas receitas auferidas pela pessoa jurídica. Após a apuração de todas as receitas, é realizado o abatimento do montante do crédito correspondente às alíquotas incidentes a título das contribuições.

---

184. *Dicionário de direito tributário*. São Paulo: Noeses, 2011. s.v. *insumo*, p. 224.

(ii) A legislação do IPI, em seu Regulamento (Lei 7.212/2010), disciplina o insumo:

> Art. 43. Poderão sair com suspensão do imposto:
>
> [...]
>
> VI – as matérias-primas, os produtos intermediários e os materiais de embalagem destinados à industrialização, desde que os produtos industrializados sejam enviados ao estabelecimento remetente daqueles insumos;

No caso do IPI, são considerados insumos estritamente os bens e serviços ligados diretamente ao produto final, como não poderia deixar de ser. Ocorre, todavia, que como salientamos, os tributos referem-se a materialidades diferentes, não se podendo aplicar a sistemática do IPI às contribuições ao PIS/COFINS, e é nesse o sentido o inovador julgamento do CARF:

> [...] o termo "insumo" utilizado para o cálculo do PIS e COFINS não cumulativos deve necessariamente compreender os custos e despesas operacionais da pessoa jurídica, na forma definida nos artigos 290 e 299 do RIR/99 e não se limitar apenas ao conceito trazido pelas Instruções Normativas n. 247/02 e 404/04 (*embasadas exclusivamente na (inaplicável) legislação do IPI*). [...][185] (grifos nossos).

A limitação do sentido construído inauguralmente por uma norma se dará apenas em função das outras normas presentes no ordenamento, com sentido contrário, que lhe sejam hierarquicamente superiores. A questão, nesse caso, envolve sistemáticas independentes, sem qualquer relação de subordinação entre elas. São contextos que não se influenciam, mesmo porque cada um possui sua própria regulamentação e, nesse caso, uma norma não afasta a outra, do mesmo modo que não traz para si a aplicação do que regula no caso de um tributo; nas palavras de Bakhtin,[186] "são partes de um mesmo todo que não se comunica". Há um gênero do qual ambas participam, mas que precisa ser especificado para incidir.

---

185. BRASIL. Ministério da Fazenda. Conselho Administrativo de Recursos Fiscais. *Recurso Voluntário n. 369.519/RS*. Processo n. 11020.001952-2006-22. Julgamento: 8 dez. 2010. Órgão julgador: Segunda Turma / Segunda Câmara. Edição: 17 jan. 2011.

186. *Estética da criação verbal*. São Paulo: Martins Fontes, 2011. passim.

CONCLUSÕES

Não há texto sem contexto. Não há unidade sem conjunto, norma jurídica sem direito positivo. O elemento confere *status* de sistema ao todo no qual está inserido, e este, por sua vez, outorga sentido às suas unidades.

A Linguagem constitui a realidade, visto ser a forma exclusiva de comunicação do ser humano. Conhecimento, realidade e verdade têm conteúdos variáveis, de acordo com o seu sistema de referência. Para delimitá-los, o intérprete deverá submeter-se às regras estruturais desse sistema, sem o que não poderá formular juízos sobre seu conteúdo.

O sistema do direito positivo é completo, mesmo sendo decorrente da necessidade social. Sua completude não é garantida pela exaustão da multiplicidade infinita de relações jurídicas, mas decorrente dos mandamentos de que ao Estado-juiz é vedado deixar de oferecer solução a uma demanda, sob a alegação da inexistência de norma que regule tal situação que lhe é posta, acompanhada da modalização das condutas, exclusivamente obrigatória, proibida ou permitida.

O direito é composto por normas jurídicas, e essas são signos representativos dos valores de uma sociedade. A escolha dos signos pressupõe consenso para representar e comunicar os valores, cujo atingimento é garantido pelo fato de os participantes desses processos comunicativos estarem inseridos num mesmo contexto social, atribuindo sentidos próximos aos conceitos.

É sistema cujo elemento característico é a norma, apresentada em forma regular D(H → C) e conteúdo variável, recolhido do universo social e incorporado ao universo normativo. Apresenta-se como conjunto fechado nos aspectos sintático e semântico, embora aberto na transmissão de sentido (campo pragmático), em que o legislador pode se utilizar dos sentidos socialmente postos.

O sistema jurídico faz parte do universo social, embora mantenha-se em posição autônoma em virtude de poder criar e alterar o sentido de seus termos, em relação a essa realidade social. É, portanto, um sistema autopoiético, por produzir seu modo de criação. Busca na realidade social as condutas às quais pretende imprimir certa regularidade e as importa para seu interior.

Há, desse modo, comunicação necessária e contínua entre o conjunto social, do qual o sistema do direito positivo faz parte. Essa relação é uma modalidade de intertextualidade entre os sistemas. Ao direito cabe regular as relações sociais, fazendo com que essas atividades intertextuais sejam delimitadas por suas próprias regras.

A interpretação tem como princípios informadores a intertextualidade e a inesgotabilidade, o que não implica admitir ausência de limites a essa atividade, visto que a interpretação sempre terá como ponto de partida o texto, limitada pelas regras impostas pelo contexto em que estiver inserido (texto).

Intertextualidade é processo contínuo na elaboração de textos decorrente da constante atualização dos textos do passado na produção do texto atual. É a intertextualidade que transforma o indivíduo em ser social.

A produção dos textos pressupõe intertextualidade. Essa influência da intertextualidade pode ser analisada sob três aspectos:

(i) contextual: de os textos em produção serem influenciados pelos textos do passado e do futuro, sendo que os textos do passado fazem parte da enunciação normativa, alguns já fazendo parte do universo jurídico e outros exclusivamente do universo social, a serem juridicizados, e que operam tendo em vista os textos do futuro, ou seja, as normas concretas produzidas ante a presença das normas gerais;

(ii) das vozes: em função dos tipos de função da linguagem, podem ser notadas uma (monofonia) ou várias (polifonia) vozes, sendo que no discurso jurídico a intertextualidade se apresenta na forma monofônica, própria da linguagem normativa, por conter prescrições aos seus destinatários; e

(iii) na comunicação: na influência entre emissor e receptor da mensagem no direito, demonstrada pela relação estabelecida entre as normas, cujo legislador (em sentido amplo) apresenta-se como emissor e a sociedade como seu destinatário.

Ao legislador compete a determinação dos conceitos. Quando de suas escolhas, decorre um sentido novo a um conceito; será dessa forma que deverá comportar-se o destinatário da norma. Nos casos em que nenhuma ressalva for imposta, os conceitos carregarão o mesmo sentido daquele usado no contexto social, do qual pode derivar.

Nenhum conceito é determinado ou indeterminado, mas determinável. A determinação decorre inexoravelmente da interpretação.

A Constituição, muito embora não apresente definições para seus conceitos, tem como função precípua a de estabilizar o sistema, conferindo aos seus intérpretes aparatos que estabeleçam o modo de uso e limites de seus termos.

Toda norma, portanto, para ser aplicada depende de interpretação. Nas situações em que não há regulamentação específica, o uso da intertextualidade fica patente, pela análise do contexto no qual a norma se pode inserir.

A interpretação pressupõe a análise de todo o contexto normativo, sob pena de não ser considerada apta para a aplicação das normas, por ser incompleta. Atividade interpretativa que considere esta ou aquela norma levará o intérprete a conclusões parciais e equivocadas.

Dentro do ordenamento, poderá haver variação no sentido dos conceitos em decorrência da finalidade da norma. Essa diversidade é aceita pelo sistema, desde que não haja invasão de contextos. Um único evento social, portanto, pode dar ensejo a vários fatos jurídicos, que, por sua vez, são recortes de uma realidade com objetivos de regulamentação diversos, daí a possibilidade de diversas normas utilizarem-se de um mesmo conceito, atribuindo, entretanto, a ele significados diversos.

O legislador tem autonomia para criar ficções na linguagem jurídica, tendo em conta a linguagem social. Poderá, ainda, no que concerne ao legislador tributário, alterar o sentido de conceitos já utilizados em outras áreas do ordenamento, desde que sejam respeitados os limites impostos pelo próprio sistema. No caso específico do direito tributário, essa regra é prevista no art. 110 do CTN, ao restringir tais definições às impostas pela Constituição na distribuição de competências.

Vícios de linguagem são responsáveis por muitas das controvérsias jurídicas. No que tange à ambiguidade, a falha interpretativa decorre de termos que designem conceitos distintos, ora pela falta de referência do texto – se sua regulamentação volta-se ao termo enquanto processo ou como seu produto –, ora em decorrência da dificuldade de contextualização do termo, falha superada pela análise das normas que dirigem-se à sua regulação, limitando ou estendendo sua aplicação, como ocorre no conceito de insumo. No processo interpretativo, portanto, a intertextualidade se mostra como a relação existente entre texto e seu contexto.

REFERÊNCIAS

ABBAGNANO, Nicola. *Dicionário de filosofia*. Trad. Alfredo Bosi. São Paulo: Mestre Jou, 1982.

ADEODATO, João Maurício. A construção retórica do ordenamento jurídico – três confusões sobre ética e direito. In: SOUZA, Priscila de (Coord.). *Sistema tributário brasileiro e a crise atual*. São Paulo: Noeses, 2009.

______. *Uma teoria retórica da norma jurídica e do direito subjetivo*. São Paulo: Noeses, 2011.

AFTALIÓN, Enrique; VILANOVA, José; RAFFO, Julio. *Introducción al derecho*. 3. ed. Buenos Aires: Abeledo-Perrot, 1988.

ALCHOURRÓN, Carlos Eduardo; BULYGIN, Eugenio. *Análisis lógico y derecho*. Madrid: Centro de Estudios Constitucionales, 1991.

______. *Introducción a la metodología das ciencias jurídicas e sociales*. Buenos Aires: Astrea, 1987.

ALVES, Alaôr Caffé. *Lógica* – Pensamento formal e argumentação. 5. ed. São Paulo: Quartier Latin, 2011.

______. *Dialética e direito* – Linguagem, sentido e realidade. Barueri: Manole, 2010.

ARAÚJO, Clarice von Oertzen de. Fato e evento tributário – uma análise semiótica. In: SANTI, Eurico Marcos Diniz de

(Coord.). *Cursos de especialização em direito tributário*. Rio de Janeiro: Forense, 2009.

______. *Incidência jurídica*. Teoria e crítica. São Paulo: Noeses, 2011.

______. O problema do conceito de direito e a crítica ao ontologismo. In: MORCHÓN, Gregorio Robles; CARVALHO, Paulo de Barros (Coord.). *Teoria comunicacional do direito*: diálogo entre Brasil e Espanha. São Paulo: Noeses, 2011.

______. *Semiótica do direito*. São Paulo: Quartier Latin, 2005.

______. Semiótica na hermenêutica e interpretação constitucional. In: SOUZA, Priscila de (Coord.). *Sistema tributário brasileiro e a crise atual*. São Paulo: Noeses, 2009.

ATALIBA, Geraldo. *Hipótese de incidência tributária*. São Paulo: Malheiros, 1992.

______. Prefácio à 1ª edição. In: VILANOVA, Lourival. *Estruturas lógicas e o sistema de direito positivo*. 3. ed. São Paulo: Noeses, 2005.

______. *Sistema tributário constitucional brasileiro*. São Paulo: Revista dos Tribunais, 1966.

BAKHTIN, Mikhail Mikhailovich. *Estética da criação verbal*. São Paulo: Martins Fontes, 2011.

BALEEIRO, Aliomar. *Direito tributário brasileiro*. Atualizado por Misabel Derzi. Rio de Janeiro: Forense, 2000.

BARRETO, Paulo Ayres. *Contribuições*: regime jurídico, destinação e controle. São Paulo: Noeses, 2006.

______. *Imposto sobre a renda e preços de transferência*. São Paulo: Dialética, 2001.

BASTOS, Cleverson Leite; CANDIOTTO, Kleber. *Filosofia da linguagem*. Petrópolis: Vozes, 2007.

BECKER, Alfredo Augusto. *Carnaval tributário*. 2. ed. São Paulo: Lejus, 1999.

_____. *Teoria geral do direito tributário*. 4. ed. São Paulo: Noeses, 2007.

BENJAMIN, Walter. A tarefa do tradutor. In: PLAZA, Julio (Coord.). *Revista Humboldt*, Munich: Alemanha, n. 40, 1979.

BOBBIO, Norberto. *O positivismo jurídico*. São Paulo: Ícone, 1995.

_____. *Teoria do ordenamento jurídico*. 7. ed. São Paulo: Martins Fontes, 1996.

BORGES, José Souto Maior. *Isenções tributárias*. São Paulo: Sugestões Literárias, 1980.

BRASIL. Ministério da Fazenda. Conselho Administrativo de Recursos Fiscais. *Recurso Voluntário n. 369.519/RS*. Processo n. 11020.001952-2006-22. Julgamento: 8 dez. 2010. Órgão julgador: Segunda Turma / Segunda Câmara. Edição: 17 jan. 2011.

_____. Presidência da República. Casa Civil. *Constituição da República de 1988*. Brasília, 5 out. 1988. Art. 5º, XXXIX. Disponível em: encurtador.com.br/dhwJO. Acesso em: 29 set. 2011.

_____. Presidência da República. Casa Civil. Lei 10.406, de 10 de janeiro de 2002. *Institui o Código Civil*. Disponível em: encurtador.com.br/MOSTW. Acesso em: 29 set. 2011.

_____. Presidência da República. Casa Civil. Lei 9.718, de 27 de novembro de 1998. Altera a Legislação Tributária Federal. Disponível em: encurtador.com.br/fxCES. Acesso em: 29 set. 2011.

_____. Supremo Tribunal Federal. *Ação Direta de Inconstitucionalidade 3.510-0/DF*. Relator: Ministro Carlos Ayres Britto. Julgamento: 29 maio 2008. Órgão julgador: Tribunal Pleno. Publicação: 28 maio 2010.

_____. Supremo Tribunal Federal. *Proposta de Súmula Vinculante 35*. Órgão julgador: Tribunal Pleno. Brasília, 4 fev. 2010.

_____. Supremo Tribunal Federal. *Recurso Extraordinário 116.121-3/SP*. Relator: Ministro Marco Aurélio. Julgamento: 11 out. 2000. Órgão julgador: Tribunal Pleno. Publicação: *DJU* 25 maio 2001, p. 17.

_____. Supremo Tribunal Federal. *Recurso Extraordinário 390.840/MG*. Relator: Ministro Marco Aurélio. Julgamento: 9 nov. 2005. Órgão julgador: Tribunal Pleno. Publicação: *DJ* 15 ago. 2006.

_____. Supremo Tribunal Federal. *Recurso Extraordinário 626.706/SP*. Relator: Ministro Gilmar Mendes. Julgamento: 08 set. 2010. Órgão julgador: Tribunal Pleno. Divulgação: 23 set. 2010. Publicação: *DJe*-179 24 set. 2010.

_____. Tribunal Superior do Trabalho. Trechos em língua estrangeira não invalidam decisão judicial. *Notícias do Tribunal Superior do Trabalho*. 21 set. 2011. Disponível em: encurtador.com.br/acvQ2. Acesso em: 29 set. 2011.

CAMPILONGO, Celso Fernandes. *O direito na sociedade complexa*. São Paulo: Max Limonad, 2000.

_____. *Decisão política e decisão jurídica*. São Paulo: Max Limonad, 2001.

CANARIS, Claus-Wilthelm. *Pensamento sistemático e conceito de sistema na Ciência do Direito*. Tradução António Manuel da Rocha e Menezes Cordeiro. Lisboa: Fundação Calouste Gulbenkian, 1989.

CAPRA, Fritjof. *O ponto de mutação*: a ciência, a sociedade e a cultura. 25. ed. São Paulo: Cultrix, 1982.

CARVALHO, Cristiano. *Ficções jurídicas no direito tributário*. São Paulo: Noeses, 2008.

_____. Presunções e ficções na imposição de sanções tributárias. In: SOUZA, Priscila de (Coord.). *Derivação e positivação no direito tributário*. São Paulo: Noeses, 2011.

CARVALHO, Paulo de Barros. *Anotações e memórias de leituras jurídicas e filosóficas*. São Paulo: Noeses, 2008.

_____. *Curso de direito tributário*. 31. ed. rev. e atual. São Paulo: Noeses, 2021.

_____. *Derivação e positivação no direito tributário*. São Paulo: Noeses, 2011. v. 1.

_____. *Direito tributário* – Fundamentos jurídicos da incidência. 6. ed. São Paulo: Saraiva, 2008.

_____. *Direito tributário* – Linguagem e método. 8. ed. São Paulo: Noeses, 2021.

_____. Isenções tributárias do IPI em face do princípio da não-cumulatividade. *Revista Dialética de direito tributário*, São Paulo: Dialética, n. 33, 142-166, 1998.

_____. O legislador como poeta do direito. In: KRAUSE, Gustavo Bernardo (Coord.). *A filosofia da ficção de Vilém Flusser*. São Paulo: Annablume, 2011.

_____. O preâmbulo e a prescritividade constitutiva dos textos normativos. *Revista de Direito Tributário*, São Paulo: Malheiros, n. 103, p. 29-41, 2008.

_____. Prefácio. DERZI, Misabel Abreu Machado. *Modificações da jurisprudência no direito tributário*. São Paulo: Noeses, 2009.

_____. *Teoria da norma tributária*. 5. ed. São Paulo: Quartier Latin, 2009.

CARRAZZA, Roque Antonio. *Curso de direito constitucional tributário*. 26. ed. São Paulo: Malheiros, 2010.

_____. *Reflexões sobre a obrigação tributária*. São Paulo: Noeses, 2010.

CARRIÓ, Genaro. *Notas sobre derecho y lenguaje*. 4. ed. Buenos Aires: Abeledo-Perrot, 1990.

CASTRO JÚNIOR, Torquato. *A pragmática das nulidades e a teoria do ato jurídico inexistente*. São Paulo: Noeses, 2009.

CHALHUB, Samira. *Funções da linguagem*. São Paulo: Ática, 1990.

COELHO, Fábio Ulhoa. *Lógica jurídica*: uma introdução. São Paulo: EDUC, 1992.

_____. *Roteiro de lógica jurídica*. 3. ed., 3. tir. São Paulo: Max Limonad, 2000.

COPI, Irwing. *Introdução à lógica*. Tradução Álvaro Cabral. 2. ed. São Paulo: Mestre Jou, 1978.

DIAS, Ana Carolina Carvalho. Decisões, normas e autoridade jurídicas. A conversação criadora do direito. In: MORCHÓN, Gregorio Robles; CARVALHO, Paulo de Barros (Coord.). *Teoria comunicacional do direito*: diálogo entre Brasil e Espanha. São Paulo: Noeses, 2011.

______. Os limites à interpretação das normas tributárias: transformação do texto em norma. In: HARET, Florence Cronemberger; CARNEIRO, Jerson (Coord.). *Vilém Flusser e juristas*. São Paulo: Noeses, 2009.

DARZÉ, Andréa Medrado. *Responsabilidade tributária*: solidariedade e subsidiariedade. São Paulo: Noeses, 2010.

DERZI, Misabel Abreu Machado. *Modificações da jurisprudência no direito tributário*. São Paulo: Noeses, 2009.

DIÁRIO DA ELISA. *Tentando pôr ordem na casa e na vida*. Disponível em: http://diariodaelisa.blogspot.com.br/2011/12/tentando-por-ordem-na-casa-e-na-vida.html. Acesso em: 10 ago. 2011.

DINIZ, Maria Helena. *Compêndio de introdução à ciência do direito*. 21. ed. São Paulo: Saraiva, 2010.

DISCINI, Norma. *O estilo nos textos*. São Paulo: Contexto, 2003.

ECHAVE, Delia Tereza; URQUIJO, María Eugenia; GUIBOURG, Ricardo. *Lógica, proposición y norma*. Buenos Aires: Astrea, 1991.

ECO, Umberto. *O signo*. Tradução Maria de Fátima Marinho. Lisboa: Presença, 1990.

______. *Tratado geral de semiótica*. São Paulo: Perspectiva, 1980.

ENGISCH, Karl. *Introdução ao pensamento jurídico*. 10. ed. Lisboa: Fundação Calouste Gulbenkian, 2008.

FALCÃO, Raimundo Bezerra. *Hermenêutica*. São Paulo: Malheiros, 1997.

FAVACHO, Fernando Gomes. *Definição do conceito de tributo*. São Paulo: Quartier Latin, 2011.

FERRAGUT, Maria Rita. *Presunções no direito tributário*. 2. ed. São Paulo: Quartier Latin, 2005.

_____. *Responsabilidade tributária e o Código Civil de 2002*. 4. ed. rev., atual. e ampl. São Paulo: Noeses, 2020.

FERRAZ JR., Tercio Sampaio. *Conceito de sistema no direito positivo*. São Paulo: Revista dos Tribunais, 1976.

_____. *Direito, retórica e comunicação*. 2. ed. São Paulo: Saraiva, 1997.

_____. *Função social da dogmática jurídica*. São Paulo: Revista dos Tribunais, 1980.

_____. *Introdução ao estudo do direito*. São Paulo: Atlas, 1991.

_____. *Teoria da norma jurídica*: ensaio de pragmática da comunicação normativa. Rio de Janeiro: Forense, 1986.

FIORIN, José Luiz. *As astúcias da enunciação*. São Paulo: Ática, 1996.

_____. *Elementos da análise do discurso*. São Paulo: Linguística Contexto, 1996.

_____. Interdiscursividade e intertextualidade. In: BRAIT, Beth (Org.). *Bakhtin* – outros conceitos-chave. São Paulo: Contexto, 2010.

_____. *Introdução ao pensamento de Bakhtin*. São Paulo: Ática, 2006.

_____. *Linguagem e ideologia*. 8. ed. São Paulo: Ática, 2007.

FLUSSER, Vilém. *Língua e realidade*. 2. ed. São Paulo: Annablume, 2005.

_____. *Língua e realidade*. 3.ed. São Paulo: AnnaBlume, 2007.

GAMA, Tácio Lacerda. *Competência tributária:* fundamentos para uma teoria da nulidade. 3. ed. rev. e ampl. São Paulo: Noeses, 2020.

_____. Sentido, consistência e legitimação. In: HARET, Florence Cronemberger; CARNEIRO, Jerson (Coord.). *Vilém Flusser e juristas*. São Paulo: Noeses, 2009.

_____. *Contribuição de intervenção no domínio econômico*. São Paulo: Quartier Latin, 2003.

GOMES, Marcus Lívio. *A interpretação da legislação tributária*. São Paulo: Quartier Latin, 2010.

GONÇALVES, José Artur Lima. *Imposto sobre a renda*. São Paulo: Malheiros, 1997.

GRAU, Eros Roberto. Conceitos indeterminados. *Anais* do I Congresso Internacional de Direito Tributário. "Justiça Tributária: direitos do fisco e garantias dos contribuintes nos atos da administração e no processo tributário", Vitória-ES, 12-15 ago. 1998. São Paulo: Max Limonad, 1998.

_____. *Ensaio e discurso sobre a interpretação/aplicação do direito*. 4. ed. São Paulo: Malheiros, 2006.

GUASTINI, Ricardo. *Das fontes às normas*. Tradução Edson Bini. São Paulo: Quartier Latin, 2005.

_____. *Distinguiendo* (estudios de teoría e meta teoria del derecho). Barcelona: Gedisa, 1999.

GUIBOURG, Ricardo; GUIGLIANI, Alejandro; GUARINONI, Ricardo. *Introducción al conocimiento científico*. Buenos Aires: Eudeba, 1985.

HART, Herbert. *O conceito de direito*. Tradução A. Ribeiro Mendes. 3. ed. Lisboa: Fundação Calouste Gulbenkian, 1997.

HARET, Florence Cronemberger. Listas taxativas e interpretação da lei tributária: presunção, analogia e interpretação extensiva na determinação dos tipos tributários e seus limites na exegese das listas taxativas. In: SOUZA, Priscila de

(Coord.). *Direito tributário e os conceitos de direito privado.* São Paulo: Noeses, 2010.

______. *Teoria e prática das presunções no direito tributário.* São Paulo: Noeses, 2010.

______. Traduções imperfeitas. In: KRAUSE, Gustavo Bernardo (Coord.). *A filosofia da ficção de Vilém Flusser.* São Paulo: Annablume, 2011.

HEGENBERG. Leônidas. *Lógica simbólica.* São Paulo: Herder, 1966.

______. *Saber de e saber que*: alicerces da racionalidade. Petrópolis: Vozes, 2002.

HESSEN, Johannes. *Teoria do conhecimento.* Tradução António Correia. 7. ed. Coimbra: Sucessor, 1980.

HOUAISS, Antonio; VILLAR, Mauro de Salles. *Dicionário Houaiss da língua portuguesa.* Rio de Janeiro: Objetiva, 2001.

IVO, Gabriel. *Norma jurídica*: produção e controle. São Paulo: Noeses, 2006.

JAKOBSON, Roman. *Lingüística e comunicação.* Tradução José Paulo Paes e Isidoro Blikstein. São Paulo: Cultrix, 1991.

JAKOBSON, Roman. *Lingüística. Poética. Cinema.* 2. ed. São Paulo: Perspectiva, 2007.

JARDIM, Eduardo Marcial Ferreira. *Dicionário de direito tributário.* São Paulo: Noeses, 2011.

KAHMANN, Andrea Cristiane. Intertextualidade e interdisciplinaridade na *obra De todo lo visible lo invisible*, de Lucía Etxebarría. *Espéculo* – Revista de Estúdios Literários. Facultad de Ciencias de la Información. Universidad Complutense de Madrid. Madrid: UCM, año X, n. 28, nov. 2004 – feb. 2005. Disponível em: http://www.ucm.es/info/especulo/numero28/inteetxe.html. Acesso em: 29 set. 2011.

KAUFMANN, Arthur. *Filosofia do direito.* 2. ed. Lisboa: Fundação Calouste Gulbenkian, 2007.

KELSEN, Hans. *Teoria pura do direito*. 2. ed. São Paulo: Martins Fontes, 1987.

KIDS ALFABETIZAÇÃO. *Bateria*. Disponível em: encurtador.com.br/nBK16. Acesso em: 10 ago. 2011.

KRAUSE, Gustavo Bernardo. *A filosofia da ficção de Vilém Flusser*. São Paulo: Annablume, 2011.

______. *Mais real do que o real*: a filosofia da palavra de Vilém Flusser. Disponível em: http://www.dubitoergosum.xpg.com.br/flusser35.htm. Acesso em: ago. 2011. [Publicação original: *Gragoatá*, Niterói: UFF, v. 8, p. 141-160, 2000].

LAPATZA, José Juan Ferreiro. *Direito tributário:* teoria geral do tributo. Tradução Roberto Barbosa Alves. Barueri: Manole, 2007.

LIARD, Louis. *Lógica*. Tradução Godofredo Rangel. 9. ed. São Paulo: Nacional, 1979.

LINS, Robson Maia. *A mora no direito tributário*. Tese (Doutorado em Direito) – Pontifícia Universidade Católica de São Paulo, São Paulo: PUC-SP, 2008.

______. *Controle de constitucionalidade da norma tributária*. São Paulo: Quartier Latin, 2005.

LUHMANN, Niklas. *Social systems*. Stanford: Stanford University Press, 1995.

MACEDO, Alberto. No início... eram os verbos. In: HARET, Florence Cronemberger; CARNEIRO, Jerson (Coord.). *Vilém Flusser e juristas*. São Paulo: Noeses, 2009.

MACHADO, Hugo de Brito. A importância dos conceitos jurídicos na hierarquia normativa – natureza meramente didática do art. 110 do CTN. *Revista Dialética de Direito Tributário*, São Paulo: Dialética, n. 98, p. 71-90, 2003.

MARANHÃO, Juliano. Como superar contradições normativas que não existem? In: HARET, Florence Cronemberger;

CARNEIRO, Jerson (Coord.). *Vilém Flusser e juristas*. São Paulo: Noeses, 2009.

MARCHEZAN, Renata Coelho. Diálogo. In: BRAIT, Beth (Org.). *Bakhtin* – outros conceitos-chave. São Paulo: Contexto, 2010.

MÁYNEZ, Eduardo García. *Lógica del raciocinio jurídico*. México: Fontamara, 2007.

MENDES, Guilherme Adolfo. Direito e tradução. In: HARET, Florence Cronemberger; CARNEIRO, Jerson (Coord.). *Vilém Flusser e juristas*. São Paulo: Noeses, 2009.

MENDES, Sônia Maria Broglia. *A validade jurídica* – Pré e pós giro lingüístico. São Paulo: Noeses, 2007.

______. Interpretação jurídica: um diálogo entre diferentes contextos. In: HARET, Florence Cronemberger; CARNEIRO, Jerson (Coord.). *Vilém Flusser e juristas*. São Paulo: Noeses, 2009.

MENDONCA, Daniel. *Interpretación y aplicación del derecho*. Almería: Universidad de Almería, 1997.

MENNE, Albert. *Introducción a la lógica*. Madrid: Gredos, 1969.

MOREIRA, André Mendes. *A não-cumulatividade dos tributos*. São Paulo: Noeses, 2010.

MORCHÓN, Gregorio Robles. *As regras do direito e as regras dos jogos*. Ensaio sobre a Teoria Analítica do Direito. São Paulo: Noeses, 2011.

______. La justicia en los juegos. *Cadernos de Direito Tributário*. Revista de Direito Tributário, São Paulo: Malheiros, n. 103, p. 7-28, 2008.

______. *O direito como texto*. Quatro Estudos de Teoria Comunicacional do Direito. Barueri: Manole, 2005.

______. Perspectivismo textual y principio de relatividad sistémica en la teoría comunicacional del derecho. In: MORCHÓN,

Gregorio Robles; CARVALHO, Paulo de Barros (Coord.). *Teoria comunicacional do direito*: diálogo entre Brasil e Espanha. São Paulo: Noeses, 2011.

______. Teoría del derecho. Argumentação consequencialista na jurisprudência do Supremo Tribunal Federal. In: SOUZA, Priscila de (Coord.). *Sistema tributário brasileiro e a crise atual*. São Paulo: Noeses, 2009.

MOUSSALLEM, Tárek Moysés. *Revogação em matéria tributária*. 2. ed. São Paulo: Noeses, 2011.

______. *Fontes do direito tributário*. 2. ed. São Paulo: Noeses, 2006.

______. *Fundamentos de teoría comunicacional del derecho*. 2. ed. Espanha: Thomson Civitas, 2008. v. I.

______. Interpretação restritiva no direito tributário. In: SOUZA, Priscila de (Coord.). *Direito tributário e os conceitos de direito privado*. São Paulo: Noeses, 2010.

MOURA, Frederico Araújo Seabra de. *Lei complementar tributária*. São Paulo: Quartier Latin, 2009.

MOURÃO, Gerardo Mello. *A invenção do saber*. Rio de Janeiro: Paz e Terra, 1983.

______. *A invenção do saber*. Belo Horizonte: Itatiaia, 1990.

MUÑOZ, Jacob (Dir.). *Diccionario Espasa de Filosofía*. Madrid: Espasa Calpe, 2003.

NEVES, Marcelo. *A constitucionalização simbólica*. São Paulo: Acadêmica, 1994.

______. Pesquisa interdisciplinar no Brasil: o paradoxo da interdisciplinaridade. *Revista do Instituto de Hermenêutica Jurídica*. Crítica à dogmática. Dos bancos acadêmicos à prática dos tribunais, Porto Alegre: Instituto da Hermenêutica Jurídica, p. 207-214, 2005.

______. *Teoria da inconstitucionalidade das leis*. São Paulo: Saraiva, 1988.

______. *Transconstitucionalismo*. São Paulo: WMF Martins Fontes, 2009.

NOGUEIRA, Ruy Barbosa. *Curso de direito tributário*. São Paulo: Saraiva, 1994.

OLIVECRONA, Karl. *Linguagem jurídica e realidade*. Edson L. M. Bini (Trad.). São Paulo: Quartier Latin, 2005.

OLIVEIRA, Manfredo Araújo de Oliveira. *Reviravolta linguístico-pragmática na filosofia contemporânea*. 3. ed. São Paulo: Loyola, 2006.

QUEIROZ, Luís Cesar Souza de. *Sujeição passiva tributária*. Rio de Janeiro: Forense, 1998.

PACHECO, Ângela. *Ficções tributárias*: identificação e controle. São Paulo: Noeses, 2008.

PEIRCE, Charles Sanders. *Semiótica*. Tradução por José Teixeira Coelho Neto. São Paulo: Perspectiva, 1990.

PEREIRA, Maria Tereza Albuquerque. *A instituição jurídica do silêncio, à luz da teoria comunicacional do direito*. Tese (Doutorado em Direito) – Pontifícia Universidade Católica de São Paulo, São Paulo: PUC-SP, 2003.

PIAGET, Jean. *The epistemology of interdisciplinary relationships*. Paris: OECD, 1972.

PISCITELLI, Tathiane dos Santos. A natureza da dogmática jurídica como ciência prática e construtivista. In: MORCHÓN, Gregorio Robles; CARVALHO, Paulo de Barros (Coord.). *Teoria comunicacional do direito*: diálogo entre Brasil e Espanha. São Paulo: Noeses, 2011.

______. *Argumentando pelas consequências no direito tributário*. São Paulo: Noeses, 2011.

______. Interpretação e justificação no direito: o requisito da coerência. In: SOUZA, Priscila de (Coord.). *Sistema tributário brasileiro e a crise atual*. São Paulo: Noeses, 2009. p. 983-996.

_____. Os conceitos de direito privado como limites à interpretação de normas tributárias: análise a partir dos conceitos de faturamento e receita. In: SOUZA, Priscila de (Coord.). *Direito tributário e os conceitos de direito privado*. São Paulo: Noeses, 2010. p. 1223-1238.

_____. *Os limites à interpretação das normas tributárias*. São Paulo: Quartier Latin, 2007.

_____. Teoria da linguagem nos julgados tributários do Superior Tribunal de Justiça: usos e abusos. In: HARET, Florence Cronemberger; CARNEIRO, Jerson (Coord.). *Vilém Flusser e juristas*. São Paulo: Noeses, 2009. p. 417-442.

PONTES DE MIRANDA, Francisco C. *Introdução à sociologia geral*. 14. ed. Campinas: Bookseller, 2003.

_____. *Tratado de direito privado*. Rio de Janeiro: Borsoi, 1954. t. I, II, IV e V.

_____. *Tratado de direito privado*. São Paulo: Revista dos Tribunais, 1974. t. I.

POPPER, Karl. *A lógica da pesquisa científica*. Tradução Leonidas Hegenberg e Octanny Silveira da Mota. São Paulo: Cultrix, 1993.

PREMIUM BATERIAS. *Baterias*. Disponível em: http://www.premiumbaterias.com.br/view_baterias.html. Acesso em: 10 ago. 2011.

PRIA, Rodrigo Dalla. O processo de positivação da norma jurídica tributária e a fixação da tutela jurisdicional apta a dirimir os conflitos havidos entre contribuinte e fisco. In: CONRADO, Paulo Cesar (Coord.). *Processo tributário analítico*. São Paulo: Dialética, 2003.

RÁO, Vicente. *O direito e a vida dos direitos*. São Paulo: Max Limonad, 1952.

REALE, Miguel. *Cinco temas do culturalismo*. São Paulo: Saraiva, 2000.

ROSS, Alf. *Sobre el derecho y la justicia*. Tradução Genaro Carrió. Buenos Aires: Eudeba, 1974.

SANTAELLA, Lúcia. *Teoria geral dos signos*. São Paulo: Cortez, 1994.

SANTI, Eurico Marcos Diniz de. Planejamento tributário e Estado de Direito: fraude à lei, reconstruindo conceitos. In: ______. (Org.). *Interpretação e Estado de Direito*. São Paulo: Noeses, 2006. p. 223-260.

SAUSSURE, Ferdinand de. *Curso de lingüística geral*. Tradução Antônio Chelini, José Paulo Paes e Isidoro Blikstein. São Paulo: Cultrix, 1991.

SCAVINO, Dardo. *Filosofía actual*. Pensar sin certezas. 2. ed. Buenos Aires: Paidós, 1999.

SCHOUERI, Luís Eduardo. *Direito tributário*. São Paulo: Saraiva, 2011.

SILVA, Renata Elaine. Tradução e direito: contribuição de Vilém Flusser e o dialogismo na teoria da linguagem. In: HARET, Florence Cronemberger; CARNEIRO, Jerson (Coord.). *Vilém Flusser e juristas*. São Paulo: Noeses, 2009.

SIMONE, Diego Caldas Rivas de. *Segurança jurídica e tributação*. São Paulo: Quartier Latin, 2011.

SOARES DE MELO, José Eduardo. *Curso de direito tributário*. 2. ed. São Paulo: Dialética, 2001.

STRECK Lenio Luiz. *Hermenêutica em crise*. Porto Alegre: Livraria do Advogado, 1999.

TARSILA DO AMARAL. *Abaporu*. Disponível em: encurtador.com.br/ijAL8. Acesso em: 10 ago. 2011.

TOMÉ, Fabiana Del Padre. *A prova no direito tributário*. 4. ed. São Paulo: Noeses, 2015.

______. *Contribuições para a seguridade social da social à luz da Constituição Federal*. Curitiba: Juruá, 2002.

_____. O direito como linguagem criadora da realidade jurídica: a importância das provas no sistema comunicacional do direito. In: MORCHÓN, Gregorio Robles; CARVALHO, Paulo de Barros (Coord.). *Teoria comunicacional do direito*: diálogo entre Brasil e Espanha. São Paulo: Noeses, 2011.

_____. Vilém Flusser e o constructivismo lógico-semântico. In: HARET, Florence Cronemberger; CARNEIRO, Jerson. (Coord.). *Vilém Flusser e juristas*. São Paulo: Noeses, 2009.

TORRES, Heleno Taveira. Boa-fé e argumentação na interpretação das normas tributárias. In: SOUZA, Priscila de (Coord.). *Direito tributário e os conceitos de direito privado*. São Paulo: Noeses, 2010.

TORRES, Ricardo Lobo. *Curso de direito financeiro e tributário*. 9. ed. Rio de Janeiro: Renovar, 2002.

TROIANELLI, Gabriel Lacerda. O ISS sobre a locação de bens móveis. *Revista Dialética de Direito Tributário*, São Paulo: Dialética, n. 28, p. 7-11, jan. 1998.

VELLOSO, Andrei Pitten. *Conceitos e competências tributárias*. São Paulo: Dialética, 2005.

VERGUEIRO, Pedro Luís de Campos; CATUNDA, Camila Campos Vergueiro. *Constituição Federal comparada e anotada*. São Paulo: Conceito Editorial, 2011.

VILANOVA, Lourival. *Causalidade e relação no direito*. 4. ed. São Paulo: Revista dos Tribunais, 2000.

_____. *Escritos jurídicos e filosóficos*. São Paulo: Axis Mundi/IBET, 2003. v. 2.

_____. *Estruturas lógicas e o sistema de direito positivo*. 3. ed. São Paulo: Noeses, 2005.

_____. O poder de julgar e a norma. In: _____. *Escritos jurídicos e filosóficos*. São Paulo: Axis Mundi/IBET, 2003. v. 1, p. 353-366.

______. Proteção jurisdicional dos direitos numa sociedade em desenvolvimento. In: ______. *Escritos jurídicos e filosóficos*. São Paulo: Axis Mundi/IBET, 2003. v. 2, p. 463-498.

WARAT, Luis Alberto. *O direito e sua linguagem*. 2. ed. Porto Alegre: Sérgio Antonio Fabris, 1995.

WITTGENSTEIN, Ludwig. *Tractatus logico-philosophicus*. Tradução Luis Henrique Lopes dos Santos. São Paulo: EDUSP, 1994.

WRIGHT, Georg Henrik von. *Norma y acción*: una investigación lógica. Tradução Pedro Garcia Ferrero. Madrid: Technos, 1970.

XAVIER, Alberto. *Os princípios da legalidade e da tipicidade da tributação*. São Paulo: Revista dos Tribunais, 1978.

Impressão e acabamento
psi7 | book7
psi7.com.br book7.com.br